はじめに

「お掃除ってめんどくさい、やりたくない……」
そう思っている人はきっと多いことでしょう。

現在、羽田空港で清掃員をしている私もこの仕事を始める前は、お掃除のことを特に気にしたことはなく、親もとに暮らしているときは、お茶碗ひとつ洗ったことがありませんでした。お掃除はやらなければいけないものと決めつけるとどんどんイヤになります。でも、お掃除をした後の気持ちよさや達成感は、誰もが知っていますよね。

大切なのは、いかにモチベーションを上げるか。

まずは、自分の大切なモノや場所からキレイにしていくのがおすすめです。男性ならば毎日使うパソコン、女性ならお化粧道具や洗面台をお掃除してみる。するとそこで何かに気づくはずです。そう、お掃除はやればやるだけ成果が出るから実は楽しいのです。

お掃除には、もうひとつ大きな効用があります。

それは、家族や友達、会社の仲間たちが喜ぶこと。

お部屋やオフィスがキレイになって怒る人は、おそらく誰もいません。お掃除が苦手な若い世代の人た

ちも「彼氏のため」「彼女のため」と考えれば、お部屋をキレイにお掃除する気力が湧いてくるはずです。

　本書では、私が自宅で日常的に行っているお掃除術を紹介しています。会社ではプロの清掃員として「カンペキ」を目指していますが、家ではむしろ「ラクチン」を追求しています。特別な洗剤や道具を使わず、時間もそれほどかけずにお掃除をする。ちょっとの工夫で、家の中は驚くほどキレイになります。

　キーワードは、「こまめに」、そして「段取りよく」。

　「トイレ」「洗面台」「キッチンのシンク」「エアコン」など、家の中を細かいエリアに分け、お掃除の段取りを詳しく解説しました。また、エリアごとに必須のお掃除道具も紹介しています。

　お掃除が苦手な人は、「小さなスペースから」「少しずつ」始めるのが鉄則。イラストを順に見ながら、難しいことを考えずにお掃除してみてください。お掃除の習慣が身に付くと、お部屋は見違えるようにキレイになります。

　そして、工夫次第で、「ラクチン」な方法もどんどん見えてきます。お掃除はとっても楽しいし、自分を成長させてくれます。私も今まで何度も「お掃除」に教えられ、助けられてきました。本書では、お掃除のノウハウや楽しさだけでなく、私がお掃除から学んだこともお伝えできればと思っています。

　　　　　　　　新津春子

イラストでよくわかる

世界一のお掃除術 もくじ

はじめに 2

序章 お掃除の準備と心構え 7

かんたんお掃除5か条 8
お掃除の基本5ステップ 10
汚れの種類を知る 12
基本の洗剤を知る 16
基本の掃除道具 18
タオルの使い方 22
【コラム】清掃と私① 26

第一章 サニタリーのお掃除術 27

トイレのお掃除 28
しつこい水垢、尿石にはお酢パック&竹ベラ 33
バスルームのお掃除 34
洗面台のお掃除 38
洗面台の整理術 42
洗濯機のお掃除 44
【コラム】清掃と私② 46

第二章 キッチンのお掃除術 47

キッチンのお掃除 48
シンクのお掃除 50
カウンター&壁のお掃除 54
コンロのお掃除 56
魚焼きグリルのお掃除 60
換気扇のお掃除 64
冷蔵庫のお掃除 66
調理家電のお掃除 68
食器棚のお掃除 72
キッチンフロアのお掃除 74

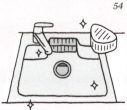

【コラム】清掃と私③ 76

第三章 リビングのお掃除術 77

リビングのお掃除 78
リビングフロアのお掃除 80
テーブルのお掃除 84
ソファのお掃除 86
窓まわりのお掃除 88
リモコンのお掃除 92
エアコンのお掃除 94
【コラム】清掃と私④ 96

第四章 ベッドルームのお掃除術 97

ベッドルームのお掃除 98
ベッドのお掃除 100
書棚のお掃除 102

クローゼットのお掃除 104
ちょっとの工夫でパソコンもキレイ!! 106
子ども部屋は親子で一緒にお掃除を! 107
【コラム】清掃と私⑤ 108

第五章 玄関・ベランダのお掃除術 109

玄関のお掃除 110
玄関ドアのお掃除 112
玄関フロア&三和土のお掃除 114
靴箱のお掃除 116
玄関アイテムも清潔に! 118
ベランダのお掃除 120

お掃除頻度早見表 122
おわりに 124
取材後記 126
監修者紹介 127

本文イラスト:後藤亮平(BLOCKBUSTER)

【序章】お掃除の準備と心構え

効率よくお掃除をするためには、事前の準備と心構えが大切。汚れの種類の見極め方から、適した洗剤や掃除道具の選び方、さらには新津式お掃除術では欠かせないタオルの使い方まで、お掃除の基本的な部分をまとめました。

かんたんお掃除5か条

お掃除は苦手意識を持つとどんどん面倒になってしまいます。まずは、きっかけが大切！ お掃除をスムーズに進めるためにぜひこんなことを意識してみてください！

第1条 まずは小さなスペースから

家中を一気にお掃除しようとするとなかなか重い腰が上がりません。
そこで、「今日はトイレ」「今日はキッチンのシンク」と目の前の小さなスペースからお掃除を始めてみるといいでしょう。

第2条 掃除はついでにやる

洗顔の後に洗面台の鏡を拭いたり、出勤前に玄関ドアを拭いたり……。毎日30秒〜1分程度の「ついで掃除」を積み重ねるのが大切です。年に1度の大掃除をするよりもずっと効率的だったりします。

お掃除の準備と心構え①

イラストでよくわかる 世界一のお掃除術

第3条 汚れる前にお掃除

キッチンの排水口や換気扇など、しつこい汚れを落とすのは大変！ 普段からこまめにお掃除をしていれば強力な洗剤はいりません。「汚れる前にお掃除」が基本です！

第4条 お掃除道具にやさしく

毎日使うタオルやスポンジ、ゴム手袋などをしっかり手入れするとだんだん手に馴染んできて、お掃除をするのが楽しくなります。毎日使うお掃除道具をやさしく扱う習慣をぜひつけてください。

第5条 何よりみんなの笑顔のために

普段過ごしている空間がキレイになれば、誰でもうれしいもの。お掃除はまわりの家族や仲間に喜んでもらえる効果があります。大切な人のためにお掃除をしようと考えるのもいいのでは？

お掃除の準備と心構え②

お掃除の基本5ステップ

家庭のお掃除には、基本の流れがあります。まずは、汚れの「種類」とキレイにする「場所」を見極め、効果的な「道具」と「洗剤」を選びましょう。

STEP 1 汚れの「種類」を確認する

まずは、お掃除の対象がどのような汚れなのかを確認します。「固形」「酸性」「アルカリ性」など、汚れの種類はさまざま。時間の経過や固着の度合いなども頭に入れておきましょう。

STEP 2 掃除する「場所」を見極める

汚れが付いている場所は陶器？ 金属？ プラスチック？ 素材によって、選ぶ洗剤や掃除道具が変わってきます。室内の設備や家具をキズつけないようにまずは素材の確認を！

STEP 3 「道具」と「洗剤」を選ぶ

「酸性」の油汚れと「アルカリ性」の水垢・カルキでは、お掃除するための「道具」や「洗剤」がまったく異なります。汚れの種類や場所に合ったアイテムをチョイスしましょう。

STEP 4 目立つゴミやホコリを落とす

水拭きをしたり、洗剤で本格的なこすり洗いをしたりする前に必ず行いたいのが乾いたタオルや掃除機を使ったホコリの除去。そうすることで、お掃除の効率が格段に上がります。

STEP 5 汚れを落とす

お掃除の準備が整ったら、根気よく汚れを落としましょう。効果的な洗剤と道具の組み合わせを見つけるのがポイント。汚れを落としたら、タオルで水拭き→カラ拭きして仕上げます。

まずは相手を知るべし

汚れの種類を知る

夫：落ちないな〜この水垢……。
妻：アルカリ性の水垢には、酸性の洗剤でしょ！
夫：あれ？ アルカリ性洗剤じゃダメ？？

一般家庭で出る汚れは多数ありますが、大きく分けると「固形」「酸性」「アルカリ性」のたった3種類になります。効果的な掃除方法を見ていきましょう。

お掃除の大原則

「固形」「酸性」「アルカリ性」
汚れは3種類に分けられる！

本書では、ホコリや髪の毛などを「固形」の汚れとし、料理の油や皮脂などの汚れを「酸性」、水垢・カルキなどの汚れを「アルカリ性」と分類しています。それぞれに合った洗剤やお掃除アイテムがあるので、ぜひ頭に入れておきましょう！

イラストでよくわかる　世界一のお掃除術　12

固形の汚れ

掃除機で吸い取ったり、乾いたタオルやハンディモップで
拭き取ったりするのが基本。水拭きが逆効果になることも！

ホコリ

照明器具などに付く軽いものと髪の毛
や砂が固まった重いものがあります。

コレを使う！
掃除機　ハンディモップ

髪の毛・フケ

フローリングの端に溜まっていく天敵
のひとつ。ペットの毛もここに分類。

コレを使う！
掃除機　ハンディモップ

砂・泥

窓枠やドアの溝などに溜まります。幼
児がいる家は玄関が泥だらけのことも。

コレを使う！
掃除機　ほうき

食べカス

キッチンエリアの定番汚れ。乾いてい
ないものは、タオルで拭くのが賢明。

コレを使う！
掃除機　タオル

特殊な汚れ

「酸性」「アルカリ性」にも分類しづらいやっかいな汚れ。
これも撃退するお掃除アイテムはあります！

カビ・雑菌

除菌効果のあるク
エン酸を使うのが
定番。しつこい場
合は、塩素系漂白
剤で撃退します。

コレを使う！
漂白剤　クエン酸

焦げ・サビ

放置したキッチン
用品などに付く汚
れ。強力な洗剤と
掃除道具でこすり
落とします。

コレを使う！
クレンザー　スチールたわし

酸性の汚れ

キッチンの油汚れや手垢・皮脂汚れに代表される「酸性」の汚れ。
性質としては「油性」にあたり、アルカリ成分で中和して落とします。

キッチンの油汚れ

コンロ周辺の油汚れ。しつこい場合は食器用洗剤＋スポンジで。

コレを使う！

重曹水＋タオル　食器用洗剤＋スポンジ

手垢・皮脂

窓や鏡、ドアノブなどに付く汚れ。こまめに水拭きする習慣をつけましょう。

コレを使う！

重曹水＋タオル　メラミンスポンジ

湯垢

浴槽の内側に膜状に付く汚れ。定着する前にこまめにこすり落としましょう。

コレを使う！

重曹水＋スポンジ

飲み物のシミ

カーペットや家具にこぼした飲み物など。固まる前にシミ抜きをしましょう。

コレを使う！

重曹水＋タオル

【新津流 お掃除上達術】
お掃除は科学です！

　お掃除をするにあたって大切なのは、落とそうとしている汚れの正体を見極めることです。
汚れの性質を科学的に考えて、それに合わせた洗剤や道具を用いることができれば、お掃除の効果や効率は飛躍的にアップします。

排水口のヌメリ

キッチンや洗面台の排水口の汚れは放置すると悪臭の原因にもなります。

コレを使う！

重曹水＋歯ブラシ　アルカリ性洗剤

イラストでよくわかる　世界一のお掃除術

アルカリ性の汚れ

水垢、カルキ、尿石などに代表される「アルカリ性」の汚れ。
性質としては「固着」と「水溶性」で、酸性成分で中和して落とします。

水垢

キッチンのシンクや水栓器具の金属部分に白くこびり付くやっかいな汚れ。

コレを使う！
酢・クエン酸＋竹ベラ　酸性洗剤

尿石・尿汚れ

便器にこびり付く天敵。お酢のパックでダメなら、酸性洗剤で攻略を。

コレを使う！
酢・クエン酸＋竹ベラ　酸性洗剤

カルキ

電気ポットの内部などに付く白い汚れ。キズをつけないようにはがします。

コレを使う！
酢・クエン酸＋竹ベラ

石けんカス

バスルームや洗面台に付く汚れ。熱湯やお酢で浮かせてこすり落とします。

コレを使う！
熱湯・酢＋竹ベラ

タバコのヤニ

壁や天井に黄色い膜状に付くタールの汚れ。こまめに拭き取りましょう。

コレを使う！
食器用洗剤＋お湯タオル

黒ずみ

キッチン用品やシンクなどに付く汚れ。酸性成分で浮かせてこすり落とします。

コレを使う！
酢・クエン酸＋竹ベラ　粉クレンザー

お掃除の準備と心構え④

基本の洗剤を知る

アルカリ性

アルカリ性洗剤
食器用洗剤（中性洗剤）より洗浄力が高く、油汚れや皮脂汚れなどの一般的な酸性の汚れを落とすことができます。

ココに使う！
油汚れ　皮脂汚れ

重曹、セスキ炭酸ソーダ、クエン酸は、お肌にやさしい「自然派洗剤」として注目されています。

重曹 〈自然派〉

みがき粉や脱臭剤として使用できる万能アイテム。弱アルカリ性で、ほかの洗剤と比べ、刺激が少ないのが特徴。

セスキ炭酸ソーダ 〈自然派〉
弱アルカリ性で浸透性が高く、水に溶けやすいのが特徴。皮脂汚れや手垢、油汚れなどさまざまな汚れに使えます。

ココに使う！
キッチンなどの油汚れ　手垢　皮脂汚れ

クレンザー
界面活性剤に研磨剤が混ざった洗剤。弱アルカリ性で、こびりついた頑固な汚れを落とすことができます。

ココに使う！
黒ずみ　焦げつき　サビ

漂白剤
塩素系と酸素系があり、いずれもアルカリ性。塩素系は酸性洗剤と混ぜると有毒ガスが発生するので要注意。

ココに使う！
黒ずみ　カビ

お掃除する上で、汚れに合った洗剤選びは非常に重要です。お掃除する場所の用途や材質などを考えながら、最適な洗剤を選びましょう。

イラストでよくわかる　世界一のお掃除術

酸性	中性

酸性洗剤

食器用洗剤（中性洗剤）よりも洗浄力が高く、湯垢、石けんカス、尿石などの一般的なアルカリ性の汚れを落とすことができます。

ココに使う！
水垢　尿石　石けんカス

食器用洗剤
（中性洗剤）

pH値で6.0から8.0以内を示し、基本的にはどの汚れにも気軽に使用できます。

ココに使う！
食器　家具

水垢、カルキなどアルカリ性の汚れには、「お酢パック」（P35参照）も効果的です！

クエン酸　自然派

酸性で抗菌・消臭効果があるのが特徴。水垢やカルキを分解し、特に水まわりやトイレの掃除で活躍します。

ココに使う！
水垢　カルキ

【新津流 お掃除上達術】
私の洗剤選び

私が働く清掃会社では数多くの洗剤を使い分けています。ただ、一般的な家庭なら食器用洗剤、重曹、クレンザーがあれば、ほぼすべての場所をお掃除できます。

大切なのは、しつこい汚れが付く前に落とすことです。「トイレ用」「お風呂用」「カビ用」などと、洗剤をたくさん買い込む必要はありませんよ！

お掃除の準備と心構え⑤

基本の掃除道具

お掃除の負担を軽くしてくれる便利グッズをご紹介。市販されている数多くのアイテムの中から特に便利な掃除道具を厳選してみました。

フェイスタオル

これだけで家中ピカピカにできる優れもの。用途や場所に合わせて、3色以上あると便利。

ゴム手袋

キッチン用、トイレ用など、場所別に色分けするのが鉄則。用途別に厚さも使い分けを。

軍　手

家具を移動する際に手をキズから守ってくれます。カラ拭きのタオル代わりにも！

バケツ

掃除道具入れ、洗剤を溶いた水入れの2つは必須。2つを重ねられると収納がラク。

スクイージー

鏡やガラス、タイル面で活躍する水きりアイテム。ゴム面を上にして保管しましょう。

ハ　ケ

塗装用具ですが、家具から布製品まで幅広くホコリを払える便利アイテム。

ドライヤー

細かい溝などにホコリやゴミがつまっているとき、「冷風」で吹き飛ばすのに使います。

ピンセット

水垢を削り落とすのにも◎。輪ゴムを巻くと先端が開かずケガの防止に。

竹ベラ・竹串
素材に傷を付けることなく、汚れを削り落とすことができる優れもの。100円ショップでも探せます。

掃除機（ハンディクリーナー）
フロアのお掃除はもちろん、ブラシ類のゴミ取りにも大活躍。ハンディタイプもあると便利。

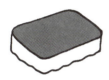

スポンジ
やわらかい面は軽い汚れに。かたい面には研磨剤があらかじめ付いているタイプのものも。

メラミンスポンジ
しつこい汚れを削り落とす研磨力が武器。必ず濡らして使用。タオルで包んで、水気を絞ると型崩れしにくい。

亀の子たわし
凹凸のあるタイルやカーペットなど、キズ付きにくい場所のお掃除に。

スチールたわし
しつこい黒ずみや焦げつきなどに効果的。素材を選んで使いましょう。

【新津流 お掃除上達術】
便利なペットボトルケース

2リットルのペットボトルを上下に2等分し、口を逆さにしてもう半分に上から差し込めば、ボトルケースの完成。使ったスポンジの一時置きスペースとして便利です。

切り口にはテープを巻いて

浴室用ブラシ
柔軟に折れ曲がるタイプだと、細かい部分でも隅々まで毛が入り込んで汚れをきれいにかき出せます。

デッキブラシ
腰をかがめることなく床をみがいたり、タオルを巻いて拭き掃除をしたりするときに便利。

排水口ブラシ
排水口の奥まで届く、柄が長いタイプのブラシ。上とサイドにも毛が付いているタイプが便利。

歯ブラシ
かたい・やわらかいの2種類×大・中・小の3サイズをそろえておくと便利です。

ハンディモップ
テレビの液晶に付着したホコリや家具のすき間のホコリをドライのまま吸着してくれる優れもの。

マイクロファイバークロス
窓ガラスのようにケバを残したくない場所や細かい部分の掃除に。用途別に色分けすると便利。

薄手のパッド
薄手のタイプが便利。形状を自由に変えることができるので、丸い部分や細部のみがき掃除に。

ダイヤモンドパッド
しつこい水垢に効果大。鏡用、陶器用、金属用など用途に応じて種類が分かれているので要確認。

ゴム手袋のメンテナンス

汚れたら使い捨てでは、掃除道具も力をフルに発揮できません！
雑菌を増やさずに長く使えるゴム手袋のメンテナンス法がこちら。

❶ 食器用洗剤で洗う

食器用洗剤を混ぜた水を入れたバケツの中で、ゴム手袋をしたまま、手のひらや手首をこすり合わせます。

❷ 裏返してすすぐ

表面がキレイになったら、手袋を外して裏返しにして、洗剤水の中でこすり洗いをします。

❸ 穴アキをチェック

手袋の中に洗剤水と空気を入れ、風船のようにふくらませてすすぎます。このとき穴が空いていないかチェック！

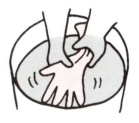

❹ 裏返して干す

両面をキレイな水ですすいだら、風通しのよい場所で裏返して吊るして干します。くっつかないように要注意！

ゴム手袋は端を折り返して着用しましょう。水や汚れが手袋の中に入るのを防いでくれます。

新津流お掃除の極意

お掃除の準備と心構え⑥

タオルの使い方

市販のフェイスタオル1枚で家中どこでも掃除してしまうのが新津流。タオルの折り方、持ち方、絞り方など、細かいテクニックをご紹介しましょう。

お掃除の大原則

すべてのお掃除は、タオル1枚でできる！

これまでいろいろな洗剤や掃除道具を紹介してきました。ただ、私としては、「家庭でのお掃除に特別な道具は不要」が持論です。例えば、拭き掃除なら使い古した布製のフェイスタオルがあれば十分。テーブルやフロアはもちろん、部屋の隅やサッシの細かい溝まで、これ1枚で拭き上げることができます。雑巾として縫い上げずにそのまま使うのが新津流。長さ違い、厚み違いで複数のタオルをそろえておくと重宝しますよ。

【新津流 お掃除上達術】
エリアによってタオルを色分けする

トイレをみがいたタオルでキッチンのお掃除をする訳にはいきませんよね……。できれば3色以上のタオルを常備し、「トイレ」「キッチン」「フロア」などとエリアごとに使い分けましょう。

ピンク → トイレ　　イエロー → キッチン　　ブルー → フロア

イラストでよくわかる　世界一のお掃除術

タオルの折り方

タオルを適当に丸めて使っていたのでは、お掃除の効率が上がりません。
力を入れやすく、清潔に掃除できるコツがこちら！

❶ まず横に2つ折り

フェイスタオルの両端を持ち、横方向に1回折ります。

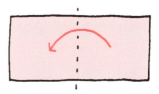

❷ さらに同じ方向へ2つ折り

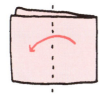

同じく横方向にもう1回折ります。ここで布は4枚重ねの状態。

❸ 下から上へ縦に2つ折り

タオルを身体の正面で持ち、縦方向に1回折ります。

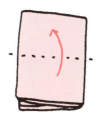

16面も使える！

❹ 8つ折りの完成！

布が8枚重ねの状態で完成。裏返しながら両面を使うと16面に！

幅がせまい場所を拭くときは、さらにもう1折りして、「32面使い」もできますよ！

16面×両面！

タオルの持ち方

手をキズつけないように、隅っこの汚れまで届くように……。
タオルの持ち方の工夫ひとつで、お掃除の質が上がります。

平面を拭く場合

❶ タオルを8つ折りに

タオルを8つ折りにしたら、利き手の手のひらを広げて全体に載せ、手前部分の端を親指と人差し指でホールドします。

❷ 上部の布で手をガード

見えない場所をお掃除する際は、一番上の布の下に手を入れて拭くのがおすすめ。手をキズからガードしてくれます。

隅っこを拭く場合

❶ タオルの両端を持つ

フェイスタオルを広げ、両端を両手で持ちます。

❷ 端の部分で拭く

タオルの両端を持ったまま、利き手の先を溝などに当てて、拭いていきます。

❸ 汚れたら新しい部分で

タオルが汚れたら、利き手側を持ち替えて、キレイな部分で拭きましょう。

❹ 細かい場所は指タオルで

タオルを指に巻き付ければ、家具の継ぎ目など細かい場所も難なく拭けます。

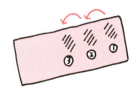

タオルの絞り方

絞り方によって、汚れの落ち方や仕上がりに差が出ます。
気を抜いていると拭き残しや水跡が付くので、注意しましょう。

❶ バケツの水に浸ける

汚れたタオルをバケツの中で広げ、軽くもみ洗い。

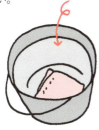

❷ 大きなゴミをこすり落とす

片手でタオルの端を持ち、もう片方の手で軽くタオルを握りながら髪の毛や固まったホコリをこすり落とします。

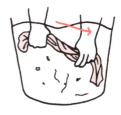

❸ 水を切る

きれいになったタオルをバケツから上げ、②と同じ動作で水気を切ります。

❹ 身体の正面で絞る

8つ折りのタオルをもう1回折り、両手を前後に並べて、身体の正面で絞ります。剣道の竹刀を持つイメージで。

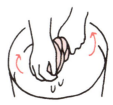

【新津流 お掃除上達術】
「湿り拭き」でラクラク！

乾いたタオルの上に濡れタオルを載せ、太巻きのように丸めて絞ると「湿り拭き」タオルのできあがりです。適度な水分量なので、「水拭き→カラ拭き」の二度拭きいらずで、ラクラクです！

ポイント 絞り方いろいろ

・**ゆる絞り**

水分がしっかり残っている状態。汚れたガラスや鏡などに用います。

・**びしょびしょ絞り**

水滴がしたたる程度に水気を残した状態。室外の固まった泥や砂に水を与えるときに。

Column 清掃と私①
日本の玄関口、羽田空港の「清掃」というお仕事

私は羽田空港で20年以上、清掃の仕事をしています。
羽田空港は2013年、2014年に2年連続、そして2016年には
3度目となる「世界一清潔な空港」に選ばれました。

現在も国内外のお客様に快適に過ごしてもらえるように、
毎日500名もの清掃スタッフが働いています。

国際線・国内線合わせて延べ床面積78万㎡にも及ぶ羽田空港。
毎日国内外からたくさんのお客様が訪れるこの場所の汚れは
皆さんの想像をはるかに超えるものです。

1日20万人が利用するこの空港には、多様なお客様がいます。
例えば、外国のお客様は生活習慣が日本人とは異なります。
当然、その方たちが使えば、汚れ方もまったく違ってきます。

そして、何かあれば、私たち清掃スタッフがすぐに駆けつけ、
誰もが快適に使えるように、キレイに清掃するのです。
清掃は日の目を見ることがなかなかない裏方仕事。
キレイにしたそばから汚れていくし、
どれだけキレイにしても感謝されることは少ないです。

それでも私は空港という自分の職場が気に入っているので、
隅々までピカピカにしたいと思っています。

世界でも有数の清潔さと快適さを誇る羽田空港は、
日本ならではのおもてなしの心に溢れているのです。

【第一章】サニタリーのお掃除術

家庭でのお掃除といったら、一番に思い浮かぶのがトイレや浴室、洗面台などのサニタリー。放っておくと臭いの原因になったり、カビが発生したりするので、早めの対処が肝心です。お掃除のコツを詳しくまとめました。

トイレのお掃除

サニタリーのお掃除術 その①

誰のしわざ？

母：また床にシミ！ おしっこ飛ばしたの誰？
父：いや、オレじゃないと思うけど……。
息子：ボクじゃないよ〜。

お掃除のコツ！

流せるシートですぐ拭く

とにかくトイレは、「汚れたらすぐに拭く」が基本。毎日お掃除するだけでなく、流せるシートなどを使って、すぐに拭く習慣を家族全員でつけましょう！

お掃除の定番といえば「トイレ」。キレイなトイレは、部屋全体の雰囲気も変えてくれます。トイレの雑菌がほかの部屋に移らないようにするためにも毎日のお掃除を！

【トイレ掃除の必須アイテム】

スポンジ
トイレ用洗剤（中性）

歯ブラシ

■そのほか
・タオル
・ゴム手袋

■ あると便利
・酢
・トイレ用ブラシ
・液体クレンザー
・陶器用ダイヤモンドパッド
・流せる洗浄シート

トイレの汚れを知る

尿や便の飛び散りから、尿石、水垢、四隅のホコリなど、ひと筋縄ではいかないのがトイレの汚れの困ったところ。基本の攻略法を頭に入れておきましょう。

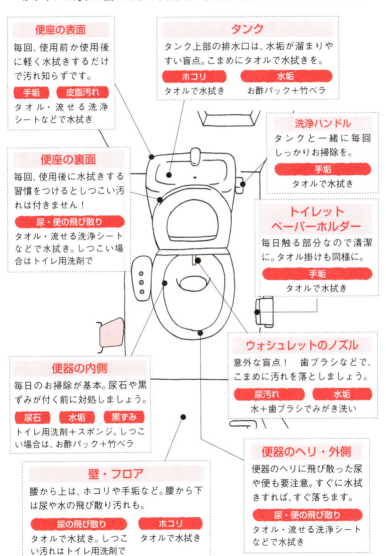

便座の表面
毎回、使用前か使用後に軽く水拭きするだけで汚れ知らずです。

手垢 **皮脂汚れ**
タオル・流せる洗浄シートなどで水拭き

タンク
タンク上部の排水口は、水垢が溜まりやすい盲点。こまめにタオルで水拭きを。

ホコリ タオルで水拭き
水垢 お酢パック+竹ベラ

洗浄ハンドル
タンクと一緒に毎回しっかりお掃除を。

手垢
タオルで水拭き

便座の裏面
毎回、使用後に水拭きする習慣をつけるとしつこい汚れは付きません!

尿・便の飛び散り
タオル・流せる洗浄シートなどで水拭き。しつこい場合はトイレ用洗剤で

トイレットペーパーホルダー
毎日触る部分なので清潔に。タオル掛けも同様に。

手垢
タオルで水拭き

便器の内側
毎日のお掃除が基本。尿石や黒ずみが付く前に対処しましょう。

尿石 **水垢** **黒ずみ**
トイレ用洗剤+スポンジ。しつこい場合は、お酢パック+竹ベラ

ウォシュレットのノズル
意外な盲点! 歯ブラシなどで、こまめに汚れを落としましょう。

尿汚れ **水垢**
水+歯ブラシでみがき洗い

壁・フロア
腰から上は、ホコリや手垢など。腰から下は尿や水の飛び散り汚れも。

尿の飛び散り
タオルで水拭き。しつこい汚れはトイレ用洗剤で

ホコリ
タオルで水拭き

便器のヘリ・外側
便器のヘリに飛び散った尿や便も要注意。すぐに水拭きすれば、すぐ落ちます。

尿・便の飛び散り
タオル・流せる洗浄シートなどで水拭き

お掃除の段取り術

まずは、フロアや壁のホコリを落としてから、便器、便座、タンクなどをみがいていきます。仕上げに全体を水拭きして、FINISH！

❶ まずはフロアの掃除

まずはフロア全体のホコリを掃除機で吸い取ります。

❷ トイレットペーパースタンドから

手垢をタオルで水拭き。タンク部分の洗浄ハンドルなども一緒に。

【新津流 お掃除上達術】
ドアノブもついでに
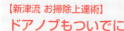
ここでタオル掛けのフレームやドアノブなども一緒に水拭きしましょう。

❸ 腰から上を水拭き
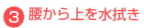
尿の飛び散りがない腰から上部分の壁全体をタオルで軽く水拭き。

上部は週1回程度でもOK！

❹ 便座のホコリを落とす

便座全体のホコリを乾いたタオルで拭き取ります。

イラストでよくわかる 世界一のお掃除術

5 ウォシュレットのノズルを歯ブラシでこする

汚れがしつこい場合は、トイレ用洗剤を付けて歯ブラシで。

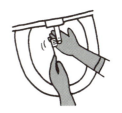

6 トイレ用洗剤で便器の内側をみがく

スポンジにトイレ用洗剤をしみ込ませて、便器の内側全体をみがきます。ゴム手袋をして、手で直接スポンジを使って行うのがベター。

一度流せば、水はキレイ！

7 便器の奥やヘリも丁寧に

便器の内側を洗います。手の届きにくい便座のジョイント部分は、歯ブラシを使ってみがきましょう。

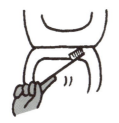

ポイント ヘリも逃さず！

便器のヘリは汚れが溜まりやすい部分です。奥まで丁寧に。

8 濡れタオルで泡を流す

便器内のキレイな水を使って、濡れタオルで拭きながら、洗剤の泡を拭き流します。

⑨ 便器の外側、便座の表裏をタオルで水拭き

便座の裏に尿や便のしつこい汚れがある場合は、トイレ用洗剤を付けて。

⑩ 便器全体をタオルでカラ拭き

陶器がピカピカになるまでしっかりカラ拭きしましょう。

⑪ 腰から下の壁をタオルで水拭き

尿や水の飛び散りを丁寧にタオルで水拭きします。

⑫ フロアを水拭きして FINISH！

便座やタンクから払ったホコリなどを、かたく絞ったタオルで拭き取って完了！

トイレがキレイなお宅はだいたい家中ピカピカです！

イラストでよくわかる　世界一のお掃除術

お掃除コラム

しつこい水垢、尿石には
お酢パック&竹ベラ

長期間、お掃除を怠っていると、トイレに水垢や尿石が付着することも。
しつこい水垢や尿石汚れにはお酢パックと竹ベラが有効です。

❶ お酢をしみ込ませた トイレットペーパーを貼る

水垢、尿石はアルカリ性なので、酸性のお酢でパックすると中和されて落ちやすくなります。

❷ 汚れが浮いてきたら 竹ベラでこすり落とす

陶器を傷つけないように、竹ベラでこするのがベターです。

❸ ダメなら液体クレンザーか 陶器用ダイヤモンドパッドで

どうしても汚れが落ちない場合は、最後の手段。こうなる前に日々のお掃除の徹底を！

【新津流 お掃除上達術】
旅行の際は酸性洗剤で浸け置きを！

1日以上家を空けるときは、水垢部分に強めの酸性洗剤をかけておくのがおすすめ。帰宅後にキレイに汚れが落ちて、ニオイもすっきり！ ウォシュレットの電源も抜いておきましょう。

バスルームのお掃除

サニタリーのお掃除術その②

なんか ヌルヌル…

（お風呂 ヌルヌル〜）
（困ったな〜）

父：最近、風呂がカビ臭いな……。
子：パパ、お風呂の中もヌルヌルする〜。
父：毎日お掃除してるのに……。なんか間違ってる？

お風呂に入る前に毎日お掃除していても、なぜか少しずつ汚れていくバスルーム。毎日できる防汚対策と汚れの成分を理解した洗剤選びで、お掃除効果を飛躍的にアップ！

お掃除のコツ！

皮脂汚れは、アルカリ性で分解！

バスタブにこびりついている皮脂の膜は、酸性の汚れ。アルカリ性洗剤で落とすのが効果的。

洗剤を使いたくない場合は、セスキ炭酸ソーダ水や重曹水をスプレー！

【バスルーム掃除の必須アイテム】

スポンジ

スクイージー

竹串・竹ベラ

■そのほか
・タオル ・ゴム手袋
・亀の子たわし
・食器用洗剤

■あると便利
・メラミンスポンジ
・ダイヤモンドパッド
・クレンザー ・重曹
・排水口ブラシ ・酢
・セスキ炭酸ソーダ
・アルカリ性洗剤
・カビ取り漂白剤

お掃除の段取り術

まず、壁やフロアをみがいてからバスタブ、金属部分、排水口へ。
鏡をみがき上げ、全体を仕上げ流ししたら、必ずスクイージーを！

❶ まずはドアから

ドアをタオルで水拭き。手垢が付くドアノブ部分は入念に。

❷ バスルーム全体をシャワーのお湯で流す

壁・天井も含め、全体をお湯で流します。Tシャツや短パンなど軽装に着替えて作業を。

❸ 壁とフロアをみがく

楕円を描くようにみがいていきます。タイルなど凹凸素材は「亀の子たわし」。平面の素材は「スポンジ」で。

タイルは **亀の子たわし**

平面は **スポンジ**

❹ バスタブをみがく

スポンジでバスタブをみがいていきます。しつこい皮脂汚れはアルカリ性洗剤で。

【新津流 お掃除上達術】
タイルの溝の汚れはお酢パックでスッキリ

タイルの溝に溜まった水垢や黒ずみは、お酢をしみ込ませたティッシュでパックすると汚れが浮き上がります。パック後、歯ブラシや竹ベラでこすり落とします。

❺ シャワーヘッドは クエン酸水＋竹串で

シャワーヘッドにこびりついた水垢は、クエン酸水に浸け込むと落としやすくなります。仕上げに竹串で溝をお掃除。

❻ 金属のしつこい水垢には メラミンスポンジか クレンザーを出動！

蛇口などの金属部分は特別な道具で。キズを付けない素材を選びましょう。

❼ 排水口は歯ブラシで

パーツを外して、歯ブラシで細部の汚れを落とします。主に皮脂汚れ（酸性）なので、アルカリ性洗剤を使っても◎。重曹水を使えば、消臭効果も！

【新津流 お掃除上達術】 排水口の専用ブラシも

排水口の形状や長さに合わせたブラシも市販されています。1本あると便利！

❽ 鏡のウロコ汚れは ダイヤモンドパッドで

鏡に付いているウロコ状のしつこい水垢は、鏡専用のダイヤモンドパッドで撃退！

❾ 換気扇のホコリを取る

換気扇まわりを濡れタオルで拭きます。汚れがひどい場合は、食器用洗剤をつけた水タオルで。

❿ ボトル容器もスポンジでみがく

シャンプーなどのボトル容器に付いた汚れもスポンジで落としましょう。

⓫ 仕上げ流し&スクイージー

最後にバスルーム全体をシャワーのお湯で流したら、スクイージーで壁や鏡、天井の水気を落として完了！

ポイント ココに注意！
カビ取り洗浄後は食器用洗剤で洗い流す！

市販のカビ取り漂白剤を使って、壁やタイルの溝を洗浄した場合は、必ず食器用洗剤で仕上げ洗いをしてから終わりましょう。
水で流しただけでは、肌への影響が残る可能性があるので要注意。塩素系のカビ取り漂白剤と酸性洗剤を混ぜるのはNGです。

【新津流 お掃除上達術】
バスルームのキレイをキープするコツ

バスルームをキレイに保つコツはたった3つ。ぜひ実践しましょう！

①出る前に毎回スクイージーで壁・鏡・床の水気を取る

②金属類は乾いたタオルで拭いてから出る

③ドアを少し開けて換気扇を1時間半まわす

そんなつもりじゃ…

洗面台のお掃除

夫：わ〜遅刻寸前！　急がないと……。
妻：ちょっと歯みがき粉飛ばしたら、ちゃんと掃除して！
夫：今っすか……。それはちょっと……。

お掃除のコツ！

マイクロファイバークロスを常備しよう！

洗面台の近くにマイクロファイバー製のクロスを常備して、飛び散った水気を常に拭く習慣をつけましょう。

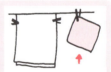

ヒモをつけた洗濯ばさみで吊るしておくと便利。

家族全員が毎日使う場所なだけに、清潔さをキープしたい洗面台。アルカリ性の「水垢」系、酸性の「皮脂」系の汚れを見分け、効果的にお掃除をするのがポイントです。

【洗面台掃除の必須アイテム】

スポンジ

歯ブラシ

竹串・竹ベラ

■ あると便利
・ダイヤモンドパッド
・メラミンスポンジ
・マイクロファイバークロス
・新聞紙

・タオル
・ゴム手袋
・食器用洗剤

お掃除の段取り術

カウンターのアイテムを移動したら、全体のゴミ・ホコリを落とし、洗面ボウル→水栓器具→鏡の順にみがいていきましょう。

❶ カウンターのアイテムを移動する

フロアに新聞紙を敷いて、手洗い石けん、歯ブラシなどを移動しましょう。

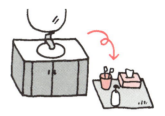

❷ 表面のホコリを取る

まずは濡れタオルでカウンターや鏡のホコリを取り除きます。

❸ スポンジの上で食器用洗剤を泡立てる

スポンジを数回握って、食器用洗剤をしっかり泡立てます。

❹ 洗面ボウルに泡をまんべんなくのばす

ボウル部分が食器用洗剤の泡で埋まるようにのばしていきます。

【新津流 お掃除上達術】食器用洗剤の泡を1〜2分浸け置きしてからみがく

洗面台のボウル部分は、皮脂汚れ、石けんカス、水垢など汚れのミックスゾーン。万能な食器用洗剤の泡で汚れを浮き上がらせてからこするのがポイントです。

5 スポンジで泡を流す

水でしっかりすすいだスポンジで泡を流していきます。

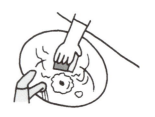

6 排水口は歯ブラシで

排水口のパーツをすべて外して、歯ブラシで細かい汚れを落とします。

しつこい汚れは漂白剤で浸け置き

排水口のパーツの汚れが黒ずんで落ちない場合は、食器用漂白剤に浸け置きしましょう。

【新津流 お掃除上達術】 お酢パックと重曹パックを使い分ける

洗面台のしつこい汚れにもパックが有効です。その際、「酸性」の皮脂汚れには重曹パック、「アルカリ性」の水垢・カルキにはお酢パックと使い分けましょう。

皮脂汚れは 重曹パック

水垢・カルキは お酢パック

7 水栓器具の金属部分をみがく

蛇口などの金属部分は、マイクロファイバークロスでみがくとツヤが出ます。

水垢がしつこい場合は、お酢パックを。メラミンスポンジを使ってもOK。

❽ 鏡を拭く

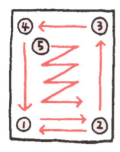

四隅の後、上から下へ

しつこい手垢は
食器用洗剤で！

鏡をタオルで水拭きします。下から反時計回りに四隅を拭いた後、中央を上から下へまんべんなく拭きます。最後は同様の順序でカラ拭きで仕上げます。

❾ 全体を濡れタオルで拭く

洗面台のカウンターやボウル部分を仕上げの水拭き。洗剤をしっかり拭き取ります。

金属部分は
カラ拭きも！

❿ フロアのホコリや髪の毛を拭き取る

最後にフロアをかたく絞ったタオルで水拭きして、ホコリ・髪の毛などを拭き取ります。

⓫ カウンターのアイテムを元に戻す

歯ブラシスタンドや手洗い石けんの容器をタオルで水拭きして、元に戻したら完了！

お掃除コラム

使うシーンを考えて収納しよう！
洗面台の整理術

洗面台の収納スペースは、まさにブラックボックス。無意識にシャンプーや洗顔料を詰め込んで……という人も多いはず。ストックを把握するためにもスマートな収納方法を学んでおきましょう。

洗面台の上の片づけ

❶ すべて出して、種類で仕分ける

鏡の裏や引き出しなどの中身をすべて出して、種類ごとに仕分けます。

・マウスケア用品

歯ブラシ、歯みがき粉、マウスウォッシュなど

・ヘアケア用品

ヘアワックス、ヘアオイル、ミストなど

・スキンケア用品

化粧水、保湿クリーム、ベビーパウダーなど

・使いかけのもの、試供品

使いかけで長期間放置されているものなど

❷ カテゴリー別にカゴに入れる

鏡の裏や引き出しのスペースに合うコンパクトなプラスチックカゴを用意して、アイテムをカテゴリーごとにまとめて、元に戻しましょう。プラスチックカゴは100円ショップなどで購入可能。

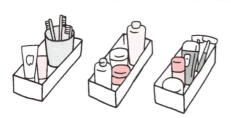

【参考文献】
『イラストでよくわかる かんたん片づけ術』

中山真由美 監修
整理収納アドバイザーによる片づけのコツを紹介。大掃除の機会にセットで読むのがおすすめです！

使うシーンを考えて収納する

- スキンケアセット
- フェイスタオル
- マウスケア用品
- ストック類

洗面台の上はゼロが理想！

洗面台の下の片づけ

1 すべて出して、種類で仕分ける

引き出しや洗面台の下に収納してあるアイテムをフロアにすべて出して、種類ごとに仕分けていきます。

 洗剤・柔軟剤
 シャンプー類

 石けん類
 マウスケア用品
 掃除用品
 もらいもの・試供品

2 カテゴリーごとにカゴへ

ヘアケア用品、洗剤用品などカテゴリー別にプラスチックカゴにまとめます。ラベルシールに中身を書いて貼っておくと便利。

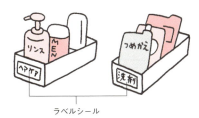

ラベルシール

3 コの字ラックで2段階収納

カゴを洗面台下の収納スペースへ。市販の「コの字ラック」などを使って、スペースを増やす工夫を。背の高いアイテムはバケツやファイルボックスを使うと◎。

バケツ／ファイルボックス　コの字ラック

なんのニオイ？

夫：なんかシャツが生臭いんだけど……。
妻：気のせいよ。ちゃんと洗ったもん。
夫：別の原因があるんじゃないの？？

お掃除のコツ！

ニオイの原因はココ!?
排水口を必ず CHECK！

つい忘れがちなのが、洗濯機の排水口のお掃除。毎週、歯ブラシなどで汚れを落とすと嫌なニオイが消えます。

【洗濯機掃除の必須アイテム】

- 歯ブラシ
- 重曹
- タオル
- 酸素系漂白剤
- ■そのほか
- ・スポンジ
- ・ゴム手袋
- ・アミ

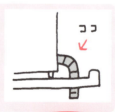

掃除しやすいように洗濯機の設置位置を調整しましょう！

洗濯機のお掃除

サニタリーのお掃除術その④

お洗濯は毎日するのに、洗濯機のお掃除はついつい後回しになりがち。洗濯機の汚れは、洗濯物にも移ります。週に1度を目標に、お掃除のスケジュールに加えましょう。

お掃除の段取り術

洗濯槽まわりや排水口の汚れを落としたら、仕上げに全体を水拭き。
洗濯槽内のヌメリは重曹を入れて、浸け置き洗いで落としましょう。

❶ ダストキャッチャーのゴミを取る

掃除の前にゴミをチェック。普段は洗濯後に必ずゴミを取って乾かすように！

❷ 洗濯槽のヘリやフタまわりは歯ブラシで

洗濯槽内の水に濡れない部分は、汚れが固まりがち。歯ブラシでしっかりこすり落とします。

❸ ホースを抜いて、排水口を洗う

洗濯槽内を軽く水で流したらホースを抜いて、排水口をチェック！

排水ホースを抜くと汚れがギッシリ！

パーツを外し、歯ブラシで細部の汚れを落とします。

ニオイがしつこい場合は、酸素系漂白剤を使ってもOK！

❹ 仕上げに全体を水拭き

よく絞ったタオルで内部・外部の全体を水拭きして、仕上げます。

【新津流 お掃除上達術】
洗濯槽に重曹を入れて浸け置き洗い

洗濯槽いっぱいにぬるま湯を張り、重曹を投入。3〜4時間ほど浸け置き。浮いてきた汚れをアミですくい取ったら、水のみの通常コースで洗濯機を2度運転して、内部をすすぎ洗いします。

Column 清掃と私②
来日して最初に出会った仕事が「清掃」

羽田空港の清掃員として働いている私は、今まで何度も「お掃除」に教えられ、助けられてきました。ここでは、私がこれまで歩んで来た道のりについてお話ししましょう。

私は1970年に、中国の東北地方にある「瀋陽」で生まれました。
戦前は旧満州で「奉天」と呼ばれていた土地です。
私の父は、中国残留日本人孤児でした。
自分が日本人であるとは知らず、養父母の元で中国人として育ちました。父は13歳で養父母と死に別れ、それからたったひとりで生きてきました。「とにかく生きることで必死だった」と聞いています。

そんな父は、中国人の母と出会い、私を含む3人の子どもが生まれます。文化大革命が終わり、1972年に日本と中国の国交が回復。残留孤児の肉親捜しが始まった頃、私は父が日本人だと知らされました。肉親捜しで日本を訪れた父は、日本に帰国する道を選びます。
そして、両親と姉、弟、私の家族5人で来日することになりました。
1987年——、私は当時17歳でした。

父の故郷、にっぽん——。
しかし、現実は甘くはありません。
日本語の読み書きはもちろん、カタコトの会話もままならない
私たち家族にとって、日本での仕事探しは困難を極めました。

そんななかで唯一見つけた仕事が「清掃」でした。
家ではまともに「お掃除」をしたこともなかった私は、
プロの仕事である「清掃」を極める道をここから歩み始めます。

【第二章】キッチンのお掃除術

家庭での重要なお掃除ポイントがキッチンです。直接口に入るものを扱う場所だから、いつも清潔におきたいところ。習慣にしたい毎日のお掃除から、特別な日の大掃除まで、キッチンのお掃除術をまとめました。

キッチンの汚れを知る

キッチンのお掃除術 その①

フライパンから飛び散る油にコンロの焦げつき、シンクの水垢や生ゴミによるヌメリ……。キッチンの汚れは実にさまざま。それぞれの汚れの攻略法を頭に入れておきましょう。

キッチンのお掃除

毎日使う場所だからこそ、清潔さをキープしたいキッチン。家族が直接口に入れるものを扱う場所だけに、洗剤やお掃除アイテムの使い方も気になるところです。

換気扇（P64）

汚れる前にこまめに水拭きするのがポイント。外側をラップでカバーしておくのも防汚テク。

油汚れ
食器用洗剤かアルカリ性洗剤＋スポンジ

ホコリ
かたく絞ったタオルで水拭き

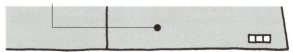

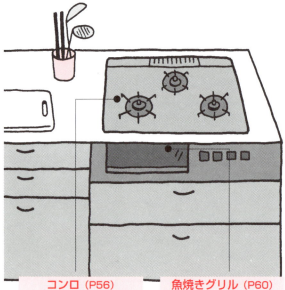

コンロ（P56）

理想は五徳を食器と一緒に毎日食器用洗剤で丸洗い。しつこい汚れが付く前に対処を。

油汚れ
食器用洗剤＋スポンジ、メラミンスポンジ

魚焼きグリル（P60）

トレー、アミは使用後に毎回、食器用洗剤で丸洗いが基本。グリル内部は重曹を使って。

焦げつき・サビ
クレンザー＆スチールたわし、竹ベラ

キッチンの汚れは「酸性」の油汚れと「アルカリ性」の水垢に大別されます。

カウンター＆壁 (P54)

食品を扱う場所だけに刺激の強い洗剤は避けたいところ。食器用洗剤や重曹でのお掃除が基本です。

油汚れ
重曹水パック＋タオルで水拭き

水垢
お酢パック＋タオルで水拭き

ホコリ
タオルで水拭き

食品汚れ
食器用洗剤＋スポンジ

シンク (P50)

毎日、食器用洗剤で隅々までスポンジ洗いしていればＯＫ。しつこい汚れが付く前の心がけが大切です！

水垢・カルキ
メラミンスポンジ、お酢パック＋竹ベラ

ヌメリ
食器用洗剤＋スポンジ、しつこい場合はキッチン用漂白剤に浸け置き

黒ずみ
メラミンスポンジ、キッチン用漂白剤でパック

食品汚れ
食器用洗剤＋スポンジ、細かい部分は竹串・竹ベラ

キッチンのお掃除術その②

シンクのお掃除

もはや限界？

夫：なんかすごいニオイがするんだけど……。
妻：でしょ。でも、怖くて開けられないの。あんたがやって。
夫：ジョーダンでしょ！　ぜったいイヤだよ！

お掃除のコツ！

排水口はマメに洗う！

排水口の細かいパーツは、毎日取り外して、食器用洗剤＋スポンジで洗うのが基本です！

食器洗い用とは別のスポンジで洗いましょう！

---【シンク掃除の必須アイテム】---

タオル

スポンジ

■ あると便利
・重曹
・スチールたわし
・メラミンスポンジ
・排水口ブラシ
・竹串、竹ベラ
・キッチン用漂白剤
・アルカリ性洗剤

歯ブラシ

食器用洗剤

ゴム手袋

面倒な家事の代表格である食器洗い。それが済んだら満足してしまいがちですが、シンクのお掃除も毎日が基本。しつこい水垢やヌメリ汚れにさよならを！

お掃除の段取り術

シンクまわりのアイテムをすべて移動してからお掃除スタート。
全体をみがき上げたら、タオルで水拭きをして仕上げます。

❶ シンクの小物を移動

新聞紙をカウンターやフロアに広げて、シンクまわりの洗剤容器や石けんなどを移動させます。

❷ 三角コーナーを洗う

生ゴミを処理したら、ゴム手袋をして、食器用洗剤を付けたスポンジで汚れを落とします。

❸ 排水口のパーツを洗う

食器用洗剤でヌメリをしっかり落とします。

細かいパーツは歯ブラシを使って。ゴムカバーの溝は竹ベラで。

❹ パーツをきれいに拭く

シンクの細かいパーツはタオルで拭いてから戻しましょう。自然乾燥でもOK。

【新津流 お掃除上達術】
細かいパーツは浸け置き洗浄で！

排水口のパーツや三角コーナーの汚れがひどい場合は、弱アルカリ性洗剤で浸け置き洗浄を。バケツにぬるま湯3リットルと洗剤20ミリリットル程度を入れて。

スポンジラックも　　洗剤の容器も

⑤ 蛇口を洗う

蛇口などの金属部分もスポンジ＋食器用洗剤でしっかりとみがいていきます。

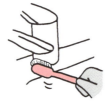

継ぎ目などの細かい部分は歯ブラシで。

しつこい汚れは濡らしたメラミンスポンジで。

⑥ シンクの底と四隅を洗う

食器用洗剤をスポンジのかたい面に付けてみがいていきます。

円を描くように
スポンジで円を描きながら、全体を洗剤の泡で覆っていきます。

四隅は丸く
くぼみに合わせて四隅も小さな円を描くように。

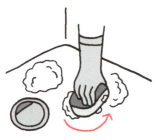

しつこい汚れは竹ベラが有効
シンクのしつこい汚れは、竹ベラでこすり落とします。メラミンスポンジも使えます。

【新津流 お掃除上達術】
しつこい黒ずみは漂白剤パックで

シンクの四隅や溝などにしつこい黒ずみ汚れがある場合は、ティッシュにキッチン用漂白剤を付けてパック。その後、歯ブラシや竹ベラでこすり落としましょう。

⑦ シンクの細部をみがく

シンクのヘリはスポンジで。外側も忘れずに濡れタオルで拭きましょう。

排水口まわりの溝の汚れは、歯ブラシや竹ベラを使って。

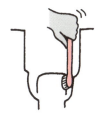
排水口の内部も、歯ブラシや排水口ブラシでしっかりみがきます。

⑧ 食器用洗剤で仕上げ洗い

仕上げにシンク全体をスポンジで洗い流します。

⑨ 仕上げ拭きでピカピカに

仕上げにシンク全体を乾いたタオルでみがき上げます。

⑩ パーツを元に戻してFINISH！

シンクまわりのパーツを元に戻したらお掃除完了！

キッチンの
お掃除術
その③

汚れは落ちても…

カウンター＆壁のお掃除

夫：この黒ずみ、とれないな〜。ガリガリ。
妻：なにやってんの！ キズ付くでしょ！
夫：え？　じゃあ、どうすりゃいいの？

食べ物のカスや料理油が飛び散るキッチンのカウンターや壁。ここも毎日しっかり拭き掃除をすれば、しつこい汚れは付きません！ 手軽なお掃除術をご紹介します。

お掃除のコツ！

油汚れには重曹水パック

酸性の油汚れには、アルカリ性の重曹水パックが効果的。キッチンペーパーに重曹水をしみ込ませ、貼り付けておくと汚れが浮いてきます。

【カウンター＆壁掃除の必須アイテム】

■ あると便利
・酢
・重曹
・アルカリ性洗剤

タオル　スポンジ　食器用洗剤　ゴム手袋

お掃除の段取り術

カウンターの上の料理道具を移動してからお掃除スタート。
お酢パック、重曹水パックを効果的に使い分けましょう。

カウンターの掃除

① カウンターを整理する

フロアに新聞紙を広げ、カウンターの上の調味料や料理油などの容器を移動します。

② 食器用洗剤でみがく

食器用のスポンジのやわらかい面に食器用洗剤を付け、円を描くようにみがいていきます。

③ 水垢にはお酢パック、油汚れには重曹水パック

アルカリ性の水垢にはお酢パック、酸性の油汚れには重曹水パックが効果的。いずれもキッチンペーパーにスプレーでしみ込ませて。

継ぎ目などの汚れは竹串や竹ベラで

④ 仕上げ洗い＆水拭きでFINISH！

食器用洗剤を付けたスポンジで全体を仕上げ洗いしたら、タオルで水拭きして完了！

壁の掃除

重曹水スプレーで水拭き

壁の汚れの原因は主に飛び跳ねた油や食べ物のカス。いずれも酸性なので、重曹水スプレーをして水拭きが効果的。しつこい場合は、食器用洗剤で。

【新津流 お掃除上達術】
壁は汚れたらすぐ拭くのが基本

壁に飛び跳ねた料理の油は、冷えて固まる前に拭くのがポイント。これなら水拭きで十分です。

キッチンのお掃除術 その④

コンロのお掃除

年季入ってます！

（夫）何年モノ…？
（妻）さぁ…
ギト〜

夫：コンロの五徳、ギットギトだけど大丈夫？
妻：どのタイミングで洗えばいいかわからなくて……。
夫：これ、もはや化石の世界だな……。

お掃除のコツ！

五徳は毎日洗うのがベスト！

コンロの上にある「五徳」は、毎日の食器洗いのときに一緒に洗う習慣をつけましょう。作業時間は30秒か1分増えるだけですよ！

【コンロ掃除の必須アイテム】

- スチールたわし
- 竹串・竹ベラ
- ゴム手袋
- スポンジ
- タオル
- 食器用洗剤
- クレンザー

■ あると便利
・薄手のパッド

フライパンの油、鍋の噴きこぼれ……。コンロのまわりは、どうしても汚れがち。できれば毎日続けたい効果的な汚れ落としのテクニックをご紹介しましょう。

お掃除の段取り術

五徳などのパーツを外して、コンロ表面を細部まで水拭き。
シンクの中でパーツを徹底的にみがいたら、よく乾かして元に戻しましょう。

❶ 外せるパーツを カウンターへ

カウンターに新聞紙を広げ、五徳やバーナーまわりのパーツを外して、並べます。

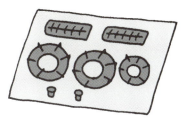

❷ コンロの表面を タオルで水拭きする

点火部分に水がかからないように、よく絞ったタオルで全体を水拭きします。

❸ しつこい汚れは食器用洗剤 ＋メラミンスポンジで

しつこい油汚れは食器用洗剤を付けたスポンジでこすります。メラミンスポンジを使ってもOK。

❹ すき間は竹串タオルで

利き手で竹串を持ち、逆の手で持ったタオルの先をかぶせてバーナー部分のすき間を拭きます。

5 細かいパーツは丸洗い

パーツは食器用洗剤で丸洗いしてOK。研磨力の強い薄手のパッドでこすると効果的。

【新津流 お掃除上達術】
シンクにタオルを敷いてから！

五徳などのパーツを洗う際は、シンクにキズがつかないように必ずタオルを敷いてから作業をしましょう。

タオル

スポンジ

6 丸い部分はまわし洗いで

バーナー部分の丸いパーツは、スポンジではさんでまわし洗いが効果的。

7 しつこい汚れはクレンザー＋スチールたわしで

こびりついた油汚れやさびには、粒子が粗いタイプのクレンザーやスチールたわしを使ってもOK。

ポイント 竹ベラも便利

五徳の脚の付け根など、手が届きにくい細かな部分の汚れは、竹ベラでこするのも効果的。

❽ 排気口カバーも丸洗い

魚焼きグリル上部の排気口カバーも外して、食器用洗剤で丸洗いしましょう。

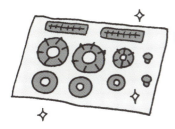

❾ カウンターでパーツをよく乾かす

キレイになったパーツは、カウンターに並べてしっかり乾かしましょう。

❿ 元に戻して FINISH！

コンロ表面をタオルでカラ拭きして、パーツを戻したら完了！

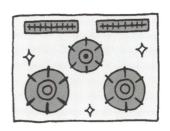

【新津流 お掃除上達術】
キレイを保つ２つの鉄則

鉄則1　噴きこぼれはその日のうちに拭く

冷めて固まらないうちにタオルで水拭きを。ヤケドに注意！

鉄則2　五徳やパーツは食器と一緒に洗う

毎日は無理でも汚れたなと思ったタイミングで必ず水洗いしましょう。

キッチンのお掃除術 その⑤
魚焼きグリルのお掃除

グリルのせいでは？

夫：なんかこのサンマ、塩ジャケっぽいニオイしない？
妻：確かに、なんか混ざってへんな油のニオイ……。
夫：これって、コンロにこびり付いた汚れのせい？

お掃除のコツ！

魚の脂はアルカリ成分で分解！

「酸性」に分類される魚の油汚れは、アルカリ成分で中和して落とすのが基本。洗剤を使うことに抵抗があるなら、重曹やセスキ炭酸ソーダで！

毎回洗った方がいいのは重々承知だけど、どうしても後回しにしがちな「魚焼きグリル」のお掃除。直接食材に触れる場所なので、使う洗剤も気になるところです。

【魚焼きグリル掃除の必須アイテム】

■あると便利
・アルカリ性洗剤
・メラミンスポンジ
・片栗粉　・クレンザー

スチールたわし　歯ブラシ
ゴム手袋　食器用洗剤　タオル　スポンジ　重曹

お掃除の段取り術

グリル手前のガラス部分を浸け置きしながら、トレーやアミを徹底洗浄。
グリル内部を重曹水で拭き上げて、パーツを元に戻します。

❶ カウンターにパーツを並べる

まずは新聞紙をカウンターに広げて、トレーやアミなどのパーツを外して並べます。

❷ グリル手前のガラスを浸け込む

水切りカゴなどを使って、グリル手前のガラス部分のパーツを浸け込み洗浄。アミを一緒に浸け込んでも。

❸ 持ち手のフレームをみがく

パーツの素材や形状に合わせて、お掃除アイテムを使い分けましょう。

【新津流 お掃除上達術】
アルカリ性洗剤をお湯に混ぜて！

グリルのガラス部分に付着した魚の脂は酸性なので、アルカリ性洗剤に浸け込むと中和されます。クレンザーを混ぜてもOKです。

❹ トレーを食器用洗剤で洗う

アミの下のトレーは、食器用洗剤で。グリルを使用したら必ず洗うようにしましょう。

❺ アミのしつこい汚れはスチールたわしで

アミの油汚れがどうしても落ちないときは、スチールたわしを使ってもOK！

> タオルを敷いておくとアミが折れない！

【新津流 お掃除上達術】
しつこい汚れには重曹泡パック

アミやトレー部分のしつこい油汚れは、泡状にした重曹でパックして浮き上がらせましょう。

①トレーに重曹を盛る

シンクに置いたトレーに重曹を100g程度盛ります。

②お酢かクエン酸をかける

キッチンにあるお酢かクエン酸を少量かけると泡が発生！

③泡で汚れをパック

固まった油汚れを重曹の泡で包み込みます。

④アミも重曹泡パック！

重曹泡の中にアミの油汚れも浸け込めば一石二鳥！

❻ グリルの内部は重曹水で

重曹水をしみ込ませたタオルの先端を利き手で持って、グリルの内部へ。

【新津流 お掃除上達術】
グリル内の重曹泡パックには片栗粉をプラス!

グリル内も重曹泡パックが可能。片栗粉を混ぜると粘着力が上がり、内壁の汚れにピッタリ貼り付きます。

すべて食品なので安心!

❼ スイッチまわりはタオルでなで拭き

グリル前面のスイッチ周辺は、タオルで水拭きすればOK。

点火部分は水気厳禁!

細かい部分は竹串タオルで!
すき間に溜まった汚れは竹串にタオルをかぶせて!

❽ 全体を仕上げ拭きする

仕上げにパーツやグリル周辺をタオルでカラ拭きします。

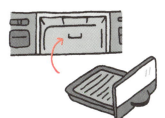

❾ パーツを元に戻してFINISH!

パーツをよく乾かして、元に戻したら完了!

キッチンのお掃除術 その⑥

換気扇のお掃除

なんかモクモクしてない？

妻：ちょっと炒め物のときは換気扇つけてよ！
夫：もちろんつけてるって！
妻：じゃあ、なんなの！　このモクモク状態は？

お掃除のコツ！

表面をホイルでカバーするとお掃除がラクチン！

汚れる前にカバーするのもひとつのアイデア。新津家では、換気扇まわりを市販のホイルでカバーし、汚れたら取り替えています。

【換気扇掃除の必須アイテム】

■ あると便利
・薄手のパッド
・脚立
・料理用ホイル

スポンジ　　ゴム手袋

タオル　　新聞紙　　アルカリ性洗剤

「そのうちやろう」と思っていると真っ黒になってしまう換気扇。マンションで主流のシロッコファンタイプをメインに年に1度の大掃除の手順をご紹介します。

イラストでよくわかる　世界一のお掃除術

お掃除の段取り術

年に1度の大掃除にはアルカリ性洗剤を付けたタオルで水拭きを。
普段はタオルで食器用洗剤拭き→水拭き→カラ拭きの流れでOK。

❶ コンロの上を新聞紙でカバー

シロッコファンタイプの換気扇は、コンロの上にあるので、汚さないように新聞紙で養生します。

❷ アルカリ性洗剤で全体を水拭き

換気扇まわりの油汚れは主に「酸性」なので、アルカリ性洗剤をつけたタオルで水拭きします。

【新津流 お掃除上達術】
プロペラファンは取り外して丸洗い

❸ しつこい汚れはパッドやスポンジで

固まってしまった油汚れは、スポンジの硬い面や薄手のパッドにアルカリ性洗剤をつけてこすりましょう。

プロペラタイプの換気扇は、ファンを取り外して食器用洗剤で丸洗い。まわりの部分は、アルカリ性洗剤をつけたタオルで水拭きしましょう。

❹ フィルターを交換したら水拭き→カラ拭き

 スイッチ部分は水気厳禁！

ポイント ココに注意！
分解掃除はプロに任せて！

換気扇内部のお掃除は、パーツが複雑なため、組み立てに失敗すると故障に至る危険性も。年に1度程度、プロに任せるのが無難です。

外付けフィルターはうすく色付いたら交換。

全体をタオルで水拭き→カラ拭きして仕上げ！

わかっているけど…

冷蔵庫のお掃除

妻：ねえ、おしょうゆみたいなのこぼしたでしょ？
夫：えっと……そんな覚えないけど……。
妻：絶対あなたね！　ちゃんと拭いてよね。

お掃除のコツ！

毎日1段ずつのお掃除でストレスいらず

冷蔵庫掃除は、一気にやろうとするとおっくうになりがち。毎日、棚を1段ずつ水拭きするだけで、キレイをキープできますよ！

【冷蔵庫掃除の必須アイテム】

毎日少しずつ汚れていくのはわかっているけど、お掃除のタイミングがわかりづらいのが冷蔵庫。「毎日1段ずつ」などエリアを決めて、お掃除を進めましょう。

イラストでよくわかる　世界一のお掃除術

お掃除の段取り術

外側を全体的に拭いたら、内部の棚を1段ずつ重曹水を付けたタオルで水拭き。
トレーやパーツなど取り外せるものは、食器用洗剤で丸洗いしましょう。

❶ まず外側・開口部を水拭き

外側のホコリや開口部のゴミをかたく絞ったタオルで拭き取ります。

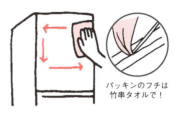

パッキンのフチは竹串タオルで！

❷ 1段分の食材を移動する

キッチンのテーブルなどに新聞紙を広げて、内部の棚1段分の食材を外へ。

❸ 重曹水を付けたタオルで水拭き

食品汚れにはアルカリ性の重曹水が効果的。タオルの先端を利き手で持って拭きましょう。

【新津流 お掃除上達術】
1段ごとに新聞紙を敷いておく

大きなゴミはタオルで包んで取ってから！

汁もれなどの汚れが付かないように棚1段ずつ新聞紙を敷くのもおすすめ。消臭効果もありますよ！

❹ トレーやパーツは丸洗い

卵のトレーなど取り外せるパーツは、食器用洗剤で水洗いしましょう。

❺ 乾かしたら食材を戻す

棚をカラ拭きしたら、よく乾かして、食材を元に戻します。長時間ドアを開放しないように、手際よくお掃除しましょう。

あわや大惨事！

キッチンの
お掃除術
その⑧

調理家電のお掃除

夫：なんだ？ トースターから火が出てるぞ！
妻：最近コゲついちゃって、危なかったのよ……。
夫：おいおい、これホントに火事になるぞ！

お掃除のコツ！
食べ物の油汚れは アルカリ成分で分解！

飛び散った食材による油汚れは、基本的に「酸性」。アルカリ性の重曹水やセスキ炭酸水でお掃除するのが基本です！

重曹水の割合は水100gに重曹小さじ1杯程度！

電子レンジやトースターの油汚れに、電気ポットの水垢やカルキの塊……。どうしても汚れてしまう調理家電を手間をかけずにお掃除する方法をご紹介します。

【調理家電掃除の必須アイテム】

■あると便利
・竹串、竹ベラ

タオル　スポンジ　お酢
重曹　食器用洗剤　ゴム手袋

イラストでよくわかる 世界一のお掃除術　68

電子レンジのお掃除

まずは、内部の油汚れを濡れタオルで拭き取り、
外側を食器用洗剤をつけたタオルで水拭きしていきます。

1 濡れタオルで大きなゴミを除去

まずはタオルでレンジ内部を水拭きして、大きなゴミを取り除きます。

2 水をしみ込ませたタオルをチンする

小さくたたんだタオルに水をしみ込ませて、レンジで2〜3分程度温めます。固まった汚れが蒸気で柔らかくなります。

3 タオルで内側を拭く

温まったタオルでレンジ内側の油汚れを拭きます。取り外せるトレーは食器用洗剤で水洗いを。

【新津流 お掃除上達術】
しつこい汚れには、重曹泡パック

レンジ内部にこびりついた油汚れは、重曹とお酢を混ぜてつくった泡で数分パックしてカラ拭き取りましょう。(P62参照)

拭き掃除の前にコンセントを抜きましょう！

4 外側は食器用洗剤の濡れタオルで

水拭きでホコリを落としてから、食器用洗剤をしみ込ませて全体を拭きます。

5 仕上げの水拭き

最後に内側・外側をくまなくタオルで水拭きして完了！

トースターのお掃除

アミやトレーなど取り外せるパーツは食器用洗剤で水洗い。
残りは、電子レンジ同様に重曹水タオルで拭き上げます。

❶ パーツを外して丸洗い

アミやトレーなど、取り外せるパーツは
食器用洗剤とスポンジで丸洗いします。

濡れタオル　　　重曹水タオル

❷ あとは電子レンジと同様に

内部は濡れタオルで拭いた後、温めた
重曹水タオルで。外側は食器用洗剤を
しみ込ませたタオルで拭きます。

❸ 焦げつきは重曹泡パック＋竹ベラで

トースター内のしつこい焦げつきは、重曹泡パックで浮かせて、竹ベラでこすり落とします。

炊飯器のお掃除

中ブタなど、外せるパーツは、毎回洗うのが基本です。

❶ パーツを外して水洗い

釜はもちろん、中ブタも毎回必ず
スポンジなどで水洗いを。

❷ 噴き出し口は竹串で

蒸気の吹き出し口にホコリや水
垢などが溜まったら、竹串でこす
り落とします。

電気ポットのお掃除

電気ポットの天敵は、ポット内部や給湯口に付着するカルキ！
カルキ汚れは、酸性の成分で撃退しましょう。

① 持ち手や外側を水拭きする

まずは、ポットの外側をタオルで水拭きします。

カルキは竹ベラで！

② 底の固着したカルキはお湯＋お酢で柔らかく！

内部のカルキは竹ベラを使ってやさしくこすり落とします。底に固着したカルキはお湯とお酢を１：１で混ぜたものを投入して柔らかくします。お湯＋お酢の量はカルキが浸かる程度で。浸ける時間はカルキの厚みや量で変化します。ときどき竹ベラでこすって確認しましょう。

③ 給湯口のカルキも竹ベラで

パーツをキズ付けないようにゆっくりカルキをこすり落としましょう。

【新津流 お掃除上達術】
まな板は重曹＋熱湯で除菌

まな板は食材に直接触れるものなので、常に清潔にしておきたいもの。定期的に重曹をかけて、熱湯で流しておくと除菌＆消臭のダブル効果があります。

キッチンのお掃除術 その⑨

食器棚のお掃除

まさかここが原因…？

（このニオイって…）
（まさか…カビ！？）

夫：なんかこのマグカップ臭くない？
妻：このお皿もどこかカビ臭いような……。
夫：もしかして、食器棚の中がカビてる？？

お掃除のコツ！

ペースを決めて1段ずつ

食器棚は、一度にきれいにしようとするとどうしても進みません。「毎週棚1段ずつ」など、ペースを決めて少しずつお掃除を。外側の扉は毎日拭きましょう。

閉め切っているのに、なぜかホコリが溜まる食器棚。定期的にお掃除したいけど、食器をすべて出すのはちょっと手間ですよね。手軽な解決策はこちら！

【食器棚掃除の必須アイテム】

- タオル
- 重曹
- ゴム手袋

■ あると便利

- 竹串
- 竹ベラ

お掃除の段取り術

まずは、1段ずつ食器を移動し、空いた棚を水拭き→カラ拭き。
引き戸や扉の溝の汚れは、竹串タオルを効果的に使いましょう。

① 1段ずつ食器を移動する

キッチンテーブルなどに新聞紙を広げ、棚1段分の食器を移動します。

② 大きいくずゴミをタオルで集める

乾いたタオルで大きめのくずゴミを集めておくと、後の工程がラクになります。

③ タオルで水拭き→カラ拭き

湿気を残さないようによく絞ったタオルで水拭き後、カラ拭き。

引き戸や扉の溝は竹串タオルで
利き手で持った竹串にタオルをかぶせて溝をなぞります。

④ 油汚れは重曹水タオルで

食器を置く場所なので、体にやさしい重曹水が◎。

⑤ 食器をカラ拭きして元に戻す

5分ほど棚を開放してから、食器を戻します。せっかくなので食器のホコリもキレイにお掃除しましょう！

なんかベトベト…

キッチンフロアのお掃除

妻：掃除してもキッチンフロアがベトベトするのよね〜。
夫：ひゃっほ〜、チャーハン最高！
妻：原因はコイツか……。

お掃除のコツ！

フロア拭きは肩幅に限定

フロアを拭くときは、端から端までひと息にやろうとすると疲れてしまいます。自分の正面、肩幅程度の広さに範囲を限定すると拭きやすく、力も入れやすいのでおすすめです。

【フロア掃除の必須アイテム】

タオル
ゴム手袋
掃除機
食器用洗剤

■ あると便利

・薄手のパッドタイプのスポンジ
・竹串、竹ベラ

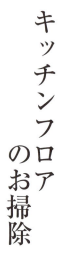

普段の掃除機がけだけでは、なかなか完璧にはキレイにならないキッチンフロア。飛び散る料理の油汚れには、やはり水拭きの習慣が効果的です。

お掃除の段取り術

フロアに置いたアイテムを移動して、掃除機でホコリを除去。
油汚れは食器用洗剤でこすり、タオルで水拭き→カラ拭きで仕上げ！

① フロアのアイテムを キッチンの外へ

まずは、ストック食材やキッチンワゴンをキッチンエリアの外に移動。

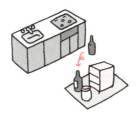

② 掃除機でホコリを取る

目立つホコリや野菜クズなどをあらかじめ掃除機で吸い取ります。

③ タオルで水拭き

まずは、全体を水拭き。肩幅の範囲でフロアの目に沿って動かすとラクチン。

④ しつこい油汚れは 食器用洗剤＋パッドで

油汚れが固まっていたら、食器用洗剤をしみ込ませた薄手のパッドが効果的。

⑤ 細かい部分は竹串タオルで

フロアの角や溝など、細かい部分の汚れは、タオルをかぶせた竹串で。

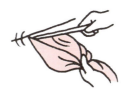

水分は少なめに！

⑥ 仕上げに水拭き→カラ拭き

洗剤の泡を水拭きしたら、くまなくカラ拭きすればピカピカに！

Column 清掃と私③
「清掃」の仕事で言葉の壁を乗り越えた

来日した私の名前は、「郭 春艶(かくしゅんえん)」から「田中春子」に変わりました。
家族全員が新しい名前に変わり、日本での新生活がスタート。
最初は、ホテルに寝泊まりしながら、
わずかな貯金を切り崩して生活していました。

しかし、当然ながら貯金はどんどん減っていきます。そんなとき、
清掃員を募集するチラシが電信柱に貼られているのを見つけました。
清掃なら私たちにもできるかもしれない。
言葉がダメでも、体を動かす仕事ならできるはずだ。

そう考え、ワラをもつかむ思いで募集元の会社を訪ね、
カタコトの日本語で雇ってくれるように頼むと
そこの社長さんが、「いいよ」と言ってくださったのです。
両親と姉と私は、翌日からその会社で働くことになりました。
今思えば、ここが私にとって「清掃」という仕事にかかわる原点でした。

当時、オフィスの定期清掃の仕事は、日給8500円くらい。
両親と姉と一緒に、私も一生懸命に働きました。
今振り返ると朝から晩まで働きづめでしたが、不思議と苦労を感じず、
中国にいるときよりずっと充実した毎日を過ごしていました。

働いた分だけお金がもらえる。頑張ればその分だけ仕事が覚えられる。
言葉が不自由だった私たちを差別せず、雇ってくれたこの会社のおかげで、私たち家族はなんとか生活の目処が立つようになりました。

まさに、私は「清掃」に救われたのです。

【第三章】リビングのお掃除術

家族みんなが集まる団欒の場、リビング。それだけに、ホコリ、髪の毛、食べこぼしや飲みこぼしなど、さまざまな汚れが溜まります。快適なリビングをつくるためにも、基本を押さえてこまめなお掃除を心掛けましょう。

リビングの汚れを知る

テーブルの食べこぼしや手垢、カーペットやフローリングのホコリなど、リビングの汚れはさまざま。効果的な洗剤と道具の組み合わせはコレ！

リビングのお掃除術 その①

リビングのお掃除

家族みんなが食事をしたり、くつろいだりするリビングは、常に気持ちいい状態をキープしたいところ。まずは、リビングの汚れの種類を把握しておきましょう。

テーブル（P84）
毎食後の水拭きをすれば基本的にOK。体に負担のない拭き方をマスターしましょう。

- **手垢・ホコリ** タオルで水拭き
- **しつこい食べこぼし** 食器用洗剤＋タオルで水拭き

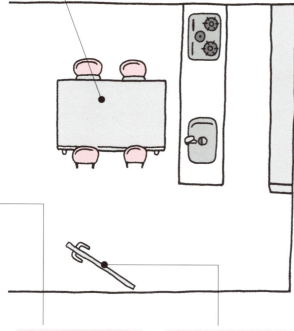

カーペット&ラグ（P83）
毎日の掃除機がけが基本。怠るとダニの温床に。食べこぼしには早めの対処が必須です。

- **ホコリ・髪の毛** 掃除機
- **食べこぼし** 重曹＋タオルで水拭き

ドア
家族が毎日触る場所なので、清潔さをキープしたいところ。掃除機がけのついでに水拭きを。

- **手垢・ホコリ** タオルで水拭き

イラストでよくわかる　世界一のお掃除術

窓 (P88)
外側からは砂やホコリ、内側からは手垢と汚れのサンドイッチ攻撃を受ける場所。定期的に拭き掃除を。

手垢・ホコリ
食器用洗剤＋タオルで水拭き、スクイージー

エアコン (P94)
エアコンの汚れはカビの温床に。フィルター掃除のついでにできる限り内部もお掃除を。

ホコリ
重曹＋タオルで水拭き、竹ベラ、タオル

ソファ (P86)
汚れたらすぐに対処がポイント。革製、布製でお掃除の方法が異なります。

布ソファの汚れ
ハンディクリーナー、重曹＋タオルで水拭き

革ソファの汚れ
重曹＋タオルで水拭き、マイクロファイバークロス

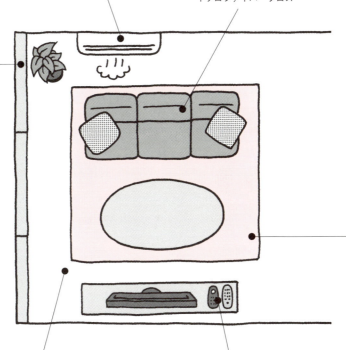

フローリング (P82)
掃除してもすぐにホコリが溜まります。掃除機がけのほか、定期的な拭き掃除も心がけましょう。

砂・ホコリ・髪の毛
掃除機

手垢・油汚れ
食器用洗剤＋タオルで水拭き

リモコン (P92)
放置するとホコリが溜まる場所の定番。テレビを見ながら、拭き掃除をする習慣をつけたいところ。

ホコリ
ハンディクリーナー、竹串タオル

手垢・油汚れ
食器用洗剤＋タオルで水拭き

お掃除、苦手なのかしら？

リビングのお掃除術その②

リビングフロアのお掃除

夫：ふーっ！　やっと掃除機がけ終わった。
妻：あら、隅っこにこんなに汚れが……。お掃除は苦手？
夫：そんな……。テレビの意地悪な姑じゃあるまいし。

お掃除のコツ！

部屋の四隅は最後にまとめてお掃除！

フロアに掃除機をかける際、四隅の細かい部分は、先の細いアダプターに付け替えて、最後にまとめて行うのがおすすめです。

掃除しても掃除してもすぐにホコリが溜まるリビングのフロア。負担を減らす毎日のお掃除術をフローリングとカーペットに分けてご紹介しましょう。

【リビングフロア掃除の必須アイテム】

タオル　　重曹

掃除機　　食器用洗剤

■ あると便利
・亀の子たわし
・デッキブラシ
・輪ゴム

掃除機がけの段取り術

コードをすべて引き出し、ノズルヘッドやダストパックをチェック。
部屋の入口から奥、最後に四隅の順に汚れを吸い取っていきます。

1 コードをすべて出す

あらかじめ掃除機のコードを限界の目印まで引き出してからスタート。急に引っ張って、コードがキズ付くのを防ぎます。

2 先にノズルヘッドをお掃除

フロアを掃除する前にノズルヘッドを外し、回転ブラシ部分のホコリを吸い取ります。

3 ダストパックをチェック！

掃除前に忘れずにチェックを。吸引力に差が出ることもあります。

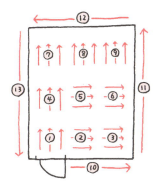

4 入口から奥へ向かって

コードの長さを考えながら、部屋の入口から奥の順に汚れを吸い取っていきます。仕上げに壁際も。

5 アダプターを付けて四隅も

先の細いアダプターに付け替えて、部屋の隅の細かい部分の汚れを吸って完了！

フローリングの拭き掃除

週に1度は、食器用洗剤を含ませたタオルで水拭きを。
バケツから遠い場所からフロアを拭き始め、最後に四隅を拭きます。

❶ ぬるま湯に食器用洗剤を加えて混ぜる

バケツにぬるま湯3リットルを用意し、食器用洗剤約10ミリリットルを混ぜます。

バケツから遠い場所から開始

最後にバケツにたどりつくように遠い場所からスタート。すき間ができないように拭いていきます。

❷ タオルを①に浸し、かたく絞って拭く

食器用洗剤を混ぜたぬるま湯にタオルを浸し、かたく絞って拭いていきます。

❸ 幅木は最後にまとめて

一度タオルをすすぎ、最後に幅木（壁と床の接点に張る横板）を拭いていきます。

洗剤を使ったら仕上げに必ず水拭き→カラ拭きを

【新津流 お掃除上達術】
デッキブラシのタオル包み

拭き掃除が足腰の負担になる場合は、デッキブラシをタオルで包めば、フローリングモップのできあがり！　①モップの先を2つ折りのタオルで包み、②両端を輪ゴムで留めれば完成です！

カーペット&ラグ掃除のコツ

リビングのカーペットやラグマットをお掃除する際、
ちょっとしたコツを知っておくだけで効率が格段に上がります。

掃除のコツ1
掃除機は毛並みを意識しながら

手前から奥へカーペットの毛並みを逆立てる方向で掃除機をかけましょう。ラグマットはズレないように足で押さえて。

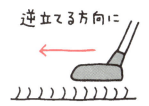
逆立てる方向に

丸洗いできるものはお洗濯を！

掃除のコツ2
毛足の長いものは亀の子たわしで立たせる

掃除機の前に亀の子たわしでカーペットをなでて、毛の奥に入り込んだゴミやホコリをかき出しましょう。亀の子たわしは、毛並みを逆立てる方向に。

掃除のコツ3
月に1度は重曹水タオルで拭く

重曹を溶かしたぬるま湯にタオルを浸し、かたく絞って、押さえつけるようにカーペットの表面を拭きます。その後、水拭き→カラ拭きを。

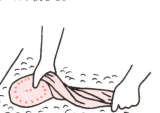

掃除のコツ4
毛足の奥は「たわしのタオル包み」で

毛足の奥のほうの汚れは、重曹をしみ込ませたタオルで亀の子たわしを包み、円を描くようにこすると取れます。

つい無理をして…

テーブルのお掃除

夫：よいしょっと……。あぁ!! 腰が!!
妻：何やってんのよ、たかがテーブル拭きで。
夫：いや、端を拭こうと思っただけなんですけど……。

お掃除のコツ！

両手をのばして届く位置を確認！

テーブルを拭く前に、手が届く範囲を確認して、立ち位置を決めるとムダな移動をせずに拭き掃除をすることができます。

ダイニングテーブルにコップの輪ジミや食べカスが残っていては興ざめです。毎日使う場所だけに、最短の手間で済む拭き方をマスターしておきましょう。

【テーブル掃除の必須アイテム】

タオル

ポイント

しつこい食べこぼしはぬるま湯＋食器用洗剤で

食べこぼしの油汚れが固まった場合は、食器用洗剤を混ぜたぬるま湯に浸けて絞ったタオルで拭きましょう。

中性

お掃除の段取り術

まずテーブルの四隅すべてに手が届く場所に立ちます。
時計まわりに四隅を拭いてから、奥から手前に拭いて仕上げます。

❶ テーブルの幅と奥行きを把握する

移動せずにテーブルの四隅に手が届く場所を把握し、立ち位置を決めます。

❷ まずテーブルの周囲を拭く

８つ折りにした水タオルを用意し、時計まわりにテーブルの周囲を拭いていきます。

 【新津流 お掃除上達術】
手のひらはテーブルの上、親指＆人さし指はヘリに

テーブルの端を拭く際は、親指＆人さし指をヘリに、残りの３本をテーブルの上に置いて拭きましょう。

❸ タオルの面を替える

周囲を拭き終わったら、タオルをキレイな面に替えます。

❹ 奥から手前に向けて左右に拭く

天板の奥から手前へ、矢印のように左右に拭いていくと負担が少なくスムーズです。

リビングの
お掃除術
その④

本革ソファにまさかの…

夫：あれ？？　なんかソファにシミが付いてない？
妻：あーあ、たぶんタローのヨダレよ。
夫：本革のソファなのに……。でも仕方ないか。

ソファのお掃除

汚れないように気をつけていてもいつの間にかシミが！　なんてことも多いのでは？　日頃からできるソファのメンテナンス術と簡単なシミ抜きのコツをご紹介！

お掃除のコツ！

「たわしのタオル包み」で重曹水をすり込む

食べ物やジュースのシミが付いたら、重曹水をしみ込ませたタオルを亀の子たわしに巻いて、軽く叩くようにしてこすりましょう。

【ソファ掃除の必須アイテム】

タオル

重曹

■ あると便利
・マイクロファイバークロス
・革用保湿クリーム

亀の子たわし

ハンディクリーナー

イラストでよくわかる　世界一のお掃除術　86

布ソファのお掃除

シミを落としにくいので、汚れが付かないように注意。カバーがあると安心です。

❶ ハンディクリーナーで ホコリを取る

まずは、表面のホコリを吸い取ります。乾いたタオルでカラ拭きしてもOK。

❷ 重曹水タオルで 除菌メンテナンス

重曹水をしみ込ませて、かたく絞ったタオルで表面を拭いておくと除菌効果も！

合皮＆本革ソファのお掃除

布と比べて汚れは落としやすいものの、日々のメンテナンスはより重要です。

❶ かたく絞ったタオルで拭く

革に水分が浸透しないようにタオルはかたく絞って。すき間など、細かい部分もまんべんなく拭きましょう。

❷ マイクロファイバークロスでカラ拭き

カラ拭きは、ケバ立ちにくいマイクロファイバークロスがおすすめ。全体を拭いたら、よく乾かします。

❸ 革用クリームを塗って保湿

革製品専用の保湿クリームを塗って、ツヤ出しをしつつ、汚れをガードします。

> リビングの
> お掃除術
> その⑤

窓まわりのお掃除

もしや心霊現象？

妻：ちょっと！窓拭きやったって言ったわよね？
夫：あわわ！！　もしや心霊現象？？
妻：ちゃんと拭けてなかっただけでしょ……。

お掃除のコツ！

頼りになる掃除道具、スクイージーをフル活用！

窓掃除に欠かせないのがT字型の「スクイージー」。最近は100円ショップでも入手できます。コツを覚えてフル活用しましょう！

【窓掃除の必須アイテム】

- タオル
- スクイージー
- 歯ブラシ
- 食器用洗剤
- 新聞紙

■あると便利
・竹串、竹ベラ
・ハケ

キレイな窓は部屋の印象を大きく変えてくれます。ただ、わかっていても後回しにしがちなのが窓まわりのお掃除。スクイージーを活用した手軽なお掃除術をご紹介しましょう。

イラストでよくわかる　世界一のお掃除術

お掃除の段取り術

窓の内側と外側で汚れの性質が違うので要注意！　いずれも
タオルで水拭きしてからスクイージーで水気を取って仕上げます。

窓の内側のお掃除

手垢や料理の油などが主な汚れ。スモーカーさんのいる
お宅はタバコのヤニも溜まります。

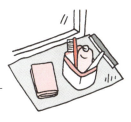

① 新聞紙を敷いて掃除道具をセット

まず部屋の内側の窓際に新聞紙を敷き、スクイージー、歯ブラシなどの掃除道具をセットします。

② 濡れタオルで窓のまわりを拭く

普段の汚れならぬるま湯を付けたタオルで拭けばOK。まず窓の四隅を拭き、その後、上部から下部へ水平方向の動きで拭いていきます。

油汚れは食器用洗剤水で

ぬるま湯3リットルに食器用洗剤10ミリリットル程度を混ぜてつくります。

③ スクイージーで水気を上から下へ

スクイージーを右図のように少し傾け、上から下へ真っ直ぐ降ろします。ゴムが窓ガラスに対して、45度の角度で当たるようにしましょう。

少し斜めに持つ　　ガラスに向かって45度

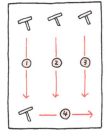

④ 最後は水気を右端に集めて拭き取る

下部に溜まった水気を右端に集め、最後はかたく絞ったタオルをサッシに当てて拭き取ります。タオルが窓に当たらないようにするのがコツです。

窓の外側のお掃除

砂・ホコリなどが主な汚れ。サッシの汚れは、歯ブラシなどで掃き出します。

① カラ拭きで砂・ホコリを落とす

乾いたタオルで四隅を反時計まわりに拭いたあと、上部から下部へホコリを落とすように全体を拭きます。

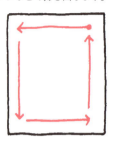

② サッシの汚れを掃き出す

歯ブラシやハケを使って、サッシの汚れを集め、外側に掃き出します。掃除機で吸い取ってもOK。

③ 濡れタオルでヘリの汚れを拭き取る

サッシの縦部分をタオルで水拭きします。汚れがしつこい場合は、食器用洗剤を付けて。

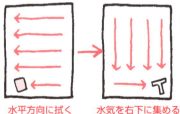

水平方向に拭く　　水気を右下に集める

④ 食器用洗剤水で拭いてスクイージーで仕上げ

食器用洗剤水（P89参照）に浸けたタオルを絞り、窓の内側と同様の流れで、水拭き→スクイージー仕上げ。

⑤ サッシを竹ベラタオルで拭き取る

サッシに残ったしつこい汚れは、竹ベラにタオルを巻いて、細かい溝まで水拭きしましょう。

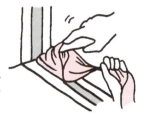

カーテンのメンテナンス

窓をお掃除したらカーテンの汚れも気になるところ。年に２〜３回はお洗濯を！

❶ レールから外してホコリを払う

カーテンをレールから外したら、洗濯機に入れる前にベランダやお庭でホコリを払いましょう。

❷ フックを外して洗濯機へ

丸洗いできる素材ならカーテンレールにかけるフックを外し、洗濯機へ。洗っている間にレールの水拭きも忘れずに！

❸ カーテンレールで吊り干し

洗濯機で脱水したら、フックを付け、カーテンレールにかけて吊り干しすればＯＫ。シワが付かないように干す前にカーテンをよくのばして！

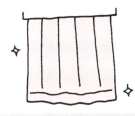

【新津流 お掃除上達術】
畳のお手入れ方法

意外とデリケートな畳。キズ付けないお掃除方法を伝授します。

❶ 掃除機は畳の目に沿って ゆっくりとかける

掃除機は畳の目に沿って。凹凸に合わせてゆっくり往復させます。

❷ 湿り拭きで余計な水分を残さない

「湿り拭き（P25参照）」にすれば、余計な水気を残さずに拭けます。

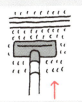

みんなのことも考えて！

リモコンのお掃除

夫：つまんねーなこの番組……（もぐもぐ）。
妻：ちょっと！ その手でリモコン触らないで！
夫：わ、ごめん！ 完全に無意識だった……。

お掃除のコツ！

「ながら掃除」で毎日拭きましょう！

リモコン類はこまめに水拭きするだけで、しつこい汚れは付きません！ テレビを見ながらタオルで水拭きする習慣をつけましょう！

チャンネルを替えようとしたらリモコンがベトベト……、なんて状態は避けたいところ。テレビを見ながら簡単にできるリモコンのお掃除術を覚えておきましょう！

【リモコン掃除の必須アイテム】

タオル / 重曹 / 竹串・竹ベラ / 食器用洗剤

■ あると便利
・ドライヤー

お掃除の段取り術

ハンディクリーナーで目立つホコリを取ったらタオルで水拭き。
ボタンのすき間の汚れは、竹串・竹ベラでかき出しましょう。

❶ ドライヤーの冷風でホコリを飛ばす

ボタンのすき間に溜まったホコリをドライヤーの「冷風」で飛ばしておくと後の工程がラクです。

❷ すき間のゴミは竹串でかき出す

竹串や竹ベラを使って、ボタンのすき間の汚れを除去。つまようじでもOKです。

❸ しつこい油汚れは食器用洗剤で

基本はタオルで全体を水拭きすればOK。しつこい手垢や油汚れは、食器用洗剤水を付けたタオルでなで拭きします。

❹ 仕上げに水拭き→カラ拭き

洗剤を使ったら、改めて汚れをタオルで水拭きし、最後はカラ拭きして仕上げ！

これで安心です

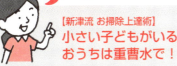

【新津流 お掃除上達術】
小さい子どもがいるおうちは重曹水で！

リモコンに付く手垢や油汚れはいずれも酸性。自然派のお宅なら、アルカリ性の「重曹」で汚れを落とすことも可能です。小さいお子さんがいる場合は、重曹水を使えば安心です。

リビングのお掃除術 その⑦ エアコンのお掃除

シーズン前のお約束

娘：ママー、エアコンから変なニオイがする〜。
母：パパがフィルターのお掃除しないからよ！
父：今度の週末に必ずやりますってば！

お掃除のコツ！
定期的にプロの分解掃除に頼ろう！

ゴミ袋で養生して本格的なお掃除をするのは大変だし、壁などを汚す恐れも。エアコンは年1回程度、プロの分解掃除に頼るのが安心。

【エアコン掃除の必須アイテム】

■あると便利
・竹串、竹ベラ

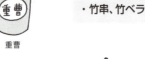

夏や冬にエアコンのスイッチを入れるとき、イヤなニオイが気になりますよね〜！ エアコンの内部に汚れが溜まるとカビや雑菌の温床に。定期的なお掃除を心がけましょう。

お掃除の段取り術

フィルターのホコリを吸い取ったら、歯ブラシや亀の子たわしを使って水洗い。
本体の表面や内部を重曹水タオルで拭き、乾燥させたら完了！

❶ フィルターのホコリを除去、

まず、エアコンのコンセントを抜いたら、フィルターを外し、ホコリを掃除機で吸い取りましょう。

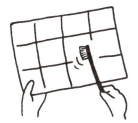

❷ フィルターを重曹水で洗う

バスルームやベランダで、フィルターを重曹水で洗い流します。歯ブラシや亀の子たわしでやさしくこすりましょう。

❸ エアコン表面を重曹水タオルで拭く

重曹水をしみ込ませたタオルでエアコン全体を拭きます。ホコリが溜まる上部なども念入りに。

❹ 送風口から竹ベラタオルで内部を拭く

エアコン内部は、送風口からタオルを巻いた竹ベラを差し込んで拭きます。割りばしでも代用可能です。

❺ 5分ほどエアコンをかけて内部を乾かす

外部・内部をひと通り拭いたら、フィルターを戻し、5分ほどエアコンをかけて乾かせば完了！

Column 清掃と私④

かけ持ちの清掃員から「清掃のプロ」へ

来日から2年が経ち、私は清掃の仕事をしながら高校に通い始めます。
そして、高校卒業後、音響機器の会社に就職しました。
就職して、生活が安定したとはいえ、決して余裕はありません。
そこで、かけ持ちで清掃の仕事を続けていました。

私は体を動かす仕事が好きだったし、さまざまな現場を経験することで、スキルが上がっていくのが、清掃の仕事の醍醐味でした。
そんなある日、1枚のポスターが目に入りました。
書いてあったのは、「東京都品川高等職業訓練校＊ 入校生募集」という文字。その中に「ビルクリーニング管理」という科目がありました。
私はすぐに「コレだ！」とひらめきました。
清掃が専門的に学べるなんて、すばらしい！！　私は音響機器の会社を辞める決心をして、清掃の道を進むことにしました。

無事、職業訓練校に入学し、授業が始まると毎日が発見の連続でした。
洗剤や建材の種類、理論的な清掃方法……。
私はここで清掃の奥深さを思い知ることになりました。

そして、この学校で私は人生の恩人である鈴木優先生と出会います。
「安全衛生」の授業を担当していた鈴木先生は、
羽田空港の中にある清掃会社に勤務していると聞きました。
日本の玄関口である空港の清掃の仕事なんて、とても面白そう！
私は鈴木先生に何度もお願いして、面接の機会を与えてもらい、
最終的に羽田空港の清掃員の仕事を得ます。

「清掃」という仕事が私を新たなステージに導いてくれた瞬間でした。

＊現在の城南職業能力開発センター

【第四章】ベッドルームのお掃除術

気付かないうちにホコリや汚れが溜まりがちなベッドルーム。そのままにしておくと体の不調の原因になったりすることも……。ポイントは閉め切ったままにしないこと。頻繁に空気を入れ替えてリフレッシュさせましょう。

未知の生物発見か!?

ベッドルームのお掃除

夫：ぎゃ〜、部屋の隅に変な生き物がいる!!
妻：ホコリとシロの毛と髪の毛の塊でしょうね……。
夫：数日でよくこんなに溜まったな。

ベッドルームの汚れを知る

ベッド、書棚、クローゼットなど、いずれもメインの汚れはホコリや手垢など。こまめに拭き掃除をすれば、特別な洗剤は不要です。

寝て起きるだけ……とお掃除が後回しになりがちなベッドルーム。気がつかないうちにホコリだらけになっていることも。手軽にできるこまめなお掃除術を習得しましょう。

【新津流 お掃除の大原則】
適度な換気がホコリを遠ざける

ベッドルームやクローゼットは閉め切っているという人は多いはず。でも、実は閉め切っているからホコリが溜まりやすくなっている、って知っていましたか？
出かけるときは、扉を半分開けるなどして、こまめな換気を心がけるとホコリが溜まりませんよ！

ベッド (P100)

ふとんなどから出るホコリや枕に付いた髪の毛などをチェック。ふとんはこまめに干しましょう！

ホコリ・髪の毛

ふとんクリーナー、ベッドカバーは洗濯

ＰＣデスク

ベッドの近くはホコリが溜まりやすいので注意。できれば全体にマルチカバーをかけましょう。

手垢・ホコリ

【手垢】タオルで水拭き、竹串タオル
【ホコリ】ドライヤー、ハケ

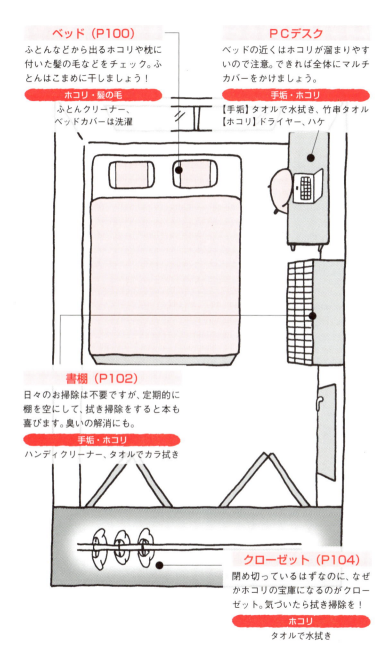

書棚 (P102)

日々のお掃除は不要ですが、定期的に棚を空にして、拭き掃除をすると本も喜びます。臭いの解消にも。

手垢・ホコリ

ハンディクリーナー、タオルでカラ拭き

クローゼット (P104)

閉め切っているはずなのに、なぜかホコリの宝庫になるのがクローゼット。気づいたら拭き掃除を！

ホコリ

タオルで水拭き

ベッドのお掃除

起きるたびにノドが…

妻：乾燥するわね〜。あ゛〜〜ノドがイタイ。
夫：最近いつベッドカバー洗ったっけ？
妻：さぁ……、それが原因なのかしら？？

お掃除のコツ！

ベッドカバー、シーツ類は最低でも3日に1度は洗濯！

ふとんのホコリ退治には、カバー類のこまめな洗濯がイチバン！ カバー・シーツ類は3日1回、枕カバーは毎日洗濯するのが理想です。

【ベッド掃除の必須アイテム】

タオル

掃除機

ハンディクリーナー
（ふとんクリーナー）

ホコリや髪の毛が溜まりやすいベッド周辺。乾燥する時期になるとノドがイタイなんてことも。ペットと一緒に寝ているお宅は特に要注意。こまめにふとんのお手入れを。

お掃除の段取り術

まずは窓を開けてしっかり換気。壁や天井のホコリを払ったら、
ふとんを干して、マットレスやベッド周辺に掃除機をかけましょう。

❶ 窓を開けてしっかり換気

入口のドアと窓を開けてしっかり換気をすることから始めます。窓を家具で塞ぐレイアウトは考えものです。

❷ 壁・天井のホコリを落とす

乾いたタオルでベッドまわりの壁・天井のホコリを払い落とします。できるだけベッドの上に溜まらないように。

❸ ふとんを干す or ふとんクリーナーをかける

ベッドカバー、枕カバー、シーツ類を外して洗濯。ふとんは外で干します。高層マンションで難しい場合は、ふとんクリーナーをかけるのも効果的。

【新津流 お掃除上達術】
ベッドは壁から離して風を通す

ベッドは壁にピッタリ寄せがちですが、5～10センチ程度、壁とのすき間を空けておくと、風が通ってホコリが溜まりません。

❹ マットレスも掃除機で

マットレスにも掃除機やふとんクリーナーをかけましょう。強力なふとんクリーナーならダニ退治にもなります。

❺ ベッドの周囲もしっかり掃除機で

部屋の四隅はホコリが溜まりやすい場所。ベッドを移動して、周囲もしっかり掃除機をかけましょう。

もはや古文書…

書棚のお掃除

妻：コレ、読んでるの？　ホコリだらけだけど。
夫：確かに読まないけど、捨てられないんだよな〜。
妻：せめて手入れくらいしてあげなさいよ！

お掃除のコツ！

お掃除後には、扇風機を当ててスッキリ！

書棚を拭き掃除した後に水気を残すとカビの原因に！　お掃除後は本を戻す前に1時間くらい扇風機を当てましょう。

読まないけれど、捨てられない……。書棚は気がつくとホコリだらけになりがちな場所。大切な本のためにも定期的に棚を空にして拭き掃除をしましょう！

【書棚掃除の必須アイテム】

■ あると便利
・ハンディモップ
・ハンディクリーナー
・扇風機

タオル

竹串・竹ベラ　　掃除機

お掃除の段取り術

書棚を見渡して、目立つホコリを掃除機で除去。その後、
1段ずつ本を移動させ、乾いたタオルで棚を拭き取ります。

① 目立つホコリを掃除機で吸う

まずは、棚の周辺に溜まっている目立つホコリやゴミを掃除機で吸い取ります。ハンディクリーナーがあると便利。

【新津流 お掃除上達術】
ハンディモップも便利

拭き掃除には、ホコリの吸着力が強い市販のハンディモップを使うのもおすすめです！

② 1段ずつ本を移動

棚1段分の本を周辺のデスクやフロアに移動させます。元に戻すときに並び順が狂わないように注意！

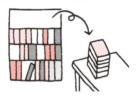

③ 乾いたタオルで全体を拭く

乾いたタオルで空いた棚全体のホコリを拭き取ります。しつこい汚れは水拭きで。棚の隅の汚れもしっかり落としましょう。

細かいすき間は竹ベラタオルで

戻すときは、本の高さをそろえると見た目がスッキリ！

④ 棚が乾いたら出した本を戻す

棚がキレイになったら、よく乾かして出した本を戻します。1回1～2段ずつこまめにお掃除しましょう。

実はホコリの宝庫です

ベッドルームのお掃除術 その④

クローゼットのお掃除

夫：ボクのこのジャケット、こんな模様だったっけ？
妻：ホコリで斬新なデザインになってるわね……。
夫：これどうやって落とせばいいんだろ？

閉め切っているはずなのに、どんどんホコリが溜まっていくベッドルームのミステリーゾーン、それがクローゼット。棚、ハンガーなどエリアごとのお掃除術をご紹介！

お掃除のコツ！

**衣替えのシーズンは
お掃除の大チャンス!!**

こまめなお掃除が難しいクローゼット。年に2回、衣替えの時期に洋服の出し入れと一緒にお掃除する習慣をつけましょう。

■ 必須アイテム
・タオル
・掃除機
・新聞紙

■ あると便利
・扇風機
・ブラシ

上棚&フロアエリアのお掃除

まずは、「上」と「下」のエリアから。アイテムを外に出し、拭き掃除をします。

❶アイテムはすべて外へ

フロアに新聞紙を敷いて、上部の棚や足元の衣装ケース、電化製品などをいったん外へ出します。

❷掃除機→水拭き→カラ拭き

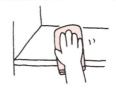

目立つホコリやゴミを掃除機で吸い取ったら、上→下の順にタオルで水拭きした後、カラ拭きします。

ハンガーエリアのお掃除

放置しておくと衣類の害虫のすみかにもなるので要注意!

❶洋服をすべて外へ

洋服をハンガーごとクローゼットの外に全部出します。

❷ポールを水拭き

ハンガーポールをタオルで水拭き→カラ拭き。周辺の壁も軽く拭きましょう。

❸ホコリを払う

洋服を戻す際は、ブラシなどでホコリを払ってから。洋服も生き返ります!

❹仕上げに扇風機

アイテムを戻す前に、クローゼットを全開にして、1時間ほど扇風機を当てましょう。

【新津流 お掃除上達術】
クローゼットは半開きにしてこまめに換気を

出かける際は、クローゼットの扉を半開きにして、風通しをよくしておくとホコリが溜まりません!

お掃除コラム

ちょっとの工夫で
パソコンもキレイ!!

手垢やホコリでキーボードが真っ黒になっていませんか？
パソコンも身近な道具で簡単にキレイにすることができます。

① 大きいホコリをハケで掃き出す

まず、キーボードまわりの目立つホコリやゴミをハケで丁寧に掃き出します。

② 奥のゴミはドライヤーで

ボタンのすき間に詰まったゴミはドライヤーの「冷風」で吹き飛ばして完全に取り除きましょう。

③ タオルで「湿り拭き」

ホコリが取れたら、「湿り拭き」(P25参照)を。しつこい汚れがある場合は、タオルに食器用洗剤水を吹き付けて水拭きしましょう。

細かいすき間は綿棒で

すき間の汚れは、綿棒でこすり落としましょう。

④ 全体をカラ拭きしてFINISH!

キーボードやモニターを含めた全体をタオルでカラ拭きして完了! 毎週必ずお掃除を!

【新津流 お掃除上達術】
マウスも毎日「湿り拭き」を!

一番手垢が付きやすいマウスは、毎日「湿り拭き」をしてもいいでしょう。

お掃除コラム

子ども部屋は
親子で一緒にお掃除を！

お掃除はお子さんの教育にも大いに役立ちます。
定期的に親子で一緒にお掃除する習慣をつけましょう。

【新津流 お掃除上達術】
１か所でもいいからお掃除することで "自分でやる" 習慣が身につきます！

お掃除は、親の仕事だとお子さんは思っていませんか？最近はお掃除を業者に任せる私立学校なども増えていると聞きます。子どもたちがお掃除をする機会がなくなるのは考えものです。このままでは、お掃除のやり方がわからないまま大人になる人も出てくるでしょう。お掃除は、段取りを考えたり、人が喜ぶ姿を考えて行動したりする訓練としても最適です。また、自分の部屋を掃除することで、「自分のことは自分でやる」という意識も芽生えます。ぜひ、親子一緒に楽しくお掃除する習慣をつけましょう！

お掃除のコツ１
一緒にお掃除をスタート！

お子さんに声をかけて、一緒にお掃除をする機会をつくりましょう。まずは、目の前で楽しくお掃除をする姿を見せることからスタートしてもいいでしょう。

お掃除のコツ２
どこか１か所だけでも自分でお掃除させる

勉強デスク周辺やおもちゃ箱など、どこか１か所だけでもいいので、担当を決めて自分でお掃除をさせてみましょう。キレイになったらしっかりほめてあげて！

Column 清掃と私⑤

「清掃はやさしさ」という恩人からのメッセージ

日本空港技術サービス（現・日本空港テクノ）で働き始めました。
恩人の鈴木先生は、新しい職場では上司の「鈴木課長」という立場です。
私は、鈴木課長の期待に応えるために一生懸命仕事を覚えました。
入社1年後、私は「ビルクリーニング技能士」の資格を取得。全国ビルクリーニング技能競技会に出場するという目標ができました。
「鈴木課長への恩返しのために、絶対に優勝したい！」
そう意気込んで課長と練習を重ね、予選会に出場したものの結果は2位。私は、ショックのあまり、思わず泣き崩れてしまいました……。

予選会の翌日、普段は無口な鈴木課長は私にこんなことを言いました。
「君にはね、やさしさが足りないんじゃないかな？」
技術的な面ではなく、清掃に対する「気持ち」が足りない——。
予想もしなかった指摘に、私は混乱しました。しかし、今となっては課長が言った言葉の意味が痛いほどわかります。私は指示された通りに目の前の汚れを清掃していただけだったのです。

使う人の気持ちになって、心を込めて清掃すること。
鈴木課長からの教えによって、私は自分の仕事を改めて見つめ直します。そして、翌年、私は全国ビルクリーニング技能競技会において、史上最年少優勝を達成し、鈴木課長と大いに喜びを分かち合いました。

そんな恩人の鈴木課長（のちの常務）はもうこの世にいません。
羽田空港が、2013年、2014年、2016年に「世界一清潔な空港」に選ばれたのを一緒にお祝いできなかったのは、本当に残念でなりません。
鈴木常務から受け継いだ「清掃はやさしさ」という言葉を胸に、私は今日も羽田空港で500人の仲間と共に誇りを持って「清掃」しています。

【第五章】玄関・ベランダのお掃除術

家族を送り出し、来客を迎える玄関は家の顔ともいえるような場所。そのため、普段から清潔にしておく必要があります。汚れの種類を見極めて、毎日の暮らしに無理なくお掃除を取り入れましょう。

これじゃ幸せも逃げていく

玄関のお掃除

A：おじゃましまーす……っていうかこれじゃ入れない。
B：ごめん……。最近ぜんぜんお掃除するヒマがなくて。
A：ねえ、これじゃ彼氏も運気も逃げていくわよ！

玄関の汚れを知る

玄関は外からきたホコリ・泥・砂などが溜まりがち。家全体の印象アップのためにもこまめな掃き掃除、拭き掃除を心がけましょう。

【新津流 お掃除の大原則】
玄関は幸せの通り道

「幸せの通り道」といわれる玄関。
靴やものでゴチャゴチャとしている汚い玄関では、新しい出会いや幸せが逃げてしまうと言われても、仕方がありません。
毎日たった3分の拭き掃除で、玄関は見違えるほどキレイになります。
幸せを呼び込める玄関を心がけましょう！

ゲストを迎える際の「家の顔」となるのが玄関。靴が散乱していて、ホコリだらけ……という状態は避けたいところ。日々、手軽にできるお掃除術をご紹介します。

ドア&ドアノブ (P112)
ドアノブ周辺は手垢、足元は泥・砂の汚れがメイン。まめな水拭きだけで、キレイをキープできます。

手垢
食器用洗剤タオルで水拭き

泥・砂
掃除機、タオルで水拭き

靴箱 (P116)
泥や砂が付いた靴をそのまましまうのはNG。内部に湿気がこもるとカビ・雑菌の温床になります。

ホコリ・泥・砂
掃除機、タオルで水拭き→カラ拭き

隅っこの汚れ
竹ベラタオル

三和土(たたき) (P114)
靴に付いたホコリ、泥・砂などが溜まる場所。普段から掃除機で目立つゴミを吸い取る習慣を。

ホコリ・泥・砂・髪の毛
掃除機、タオルで水拭き

しつこい汚れ
食器用洗剤+竹ベラ

スリッパ (P118)
いつの間にか家中のホコリを集めてしまうスリッパ。こまめに掃除機でお手入れしましょう。

ホコリ・髪の毛
表=掃除機、裏=掃除機+タオルで水拭き

シミ汚れ
食器用洗剤+タオルで水拭き

玄関フロア (P114)
リビングにつながる玄関フロアは人通りが多いため持ち込まれる汚れが多い場所。ピカピカをキープしたいところです。

ホコリ・泥・髪の毛
掃除機、タオルで水拭き

玄関・ベランダのお掃除術 その②

玄関ドアのお掃除

何を触ってきたの？

> ちょっとナニ触ったの？
> ボールとか？
> ベタベタ

母：コラ！ 玄関に手形がついてる！ 何を触ったの？
子：公園でボール遊びしてただけだよ〜。
母：その手であちこち触らないで〜〜！

お掃除のコツ！

ドアノブ周辺だけでも毎日タオルで水拭きを！

玄関ドアの汚れが集中するのはドアノブ周辺。日々のお掃除のついでに、ドアノブのまわりだけでも水拭きをする習慣をつけましょう。

外の世界との接点となる玄関ドアは、いつの間にかさまざまな汚れが蓄積されてしまいます。毎日、タオルで水拭きするだけで、印象はガラッと変わりますよ！

【玄関ドア掃除の必須アイテム】

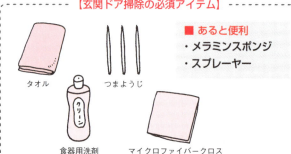

- タオル
- 食器用洗剤
- つまようじ
- マイクロファイバークロス

■ あると便利
・メラミンスポンジ
・スプレーヤー

お掃除の段取り術

まずドア全体を水拭き。足元の泥汚れは、食器用洗剤水を吹き付けて。
表札やのぞき穴もキレイにしたら、全体をカラ拭きして仕上げます。

① ぬるま湯タオルで水拭き

窓拭き（P90参照）と同じように周辺から中央へ……の流れで水拭き。ドアノブ周辺の手垢や足元の泥汚れがしつこい場合は食器用洗剤水をタオルにスプレーして拭きましょう。

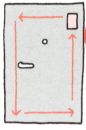

ドアノブ周辺や足元は食器用洗剤水をスプレーして！

② 表札はマイクロファイバークロスで！

凹凸のある表札は、ハケで表面の汚れを取ってから、ケバが残らないマイクロファイバークロスで水拭きします。

③ のぞき穴はつまようじで

のぞき穴のまわりに付いた細かい汚れは、つまようじでかき出しましょう。

④ 金属部分のくすみはメラミンスポンジで！

ドアノブや表札まわりの金属部分が日々の汚れでくすんでいる場合は、濡らしたメラミンスポンジでこするのが効果的。キズを付けないように慎重に！

⑤ 全体をカラ拭きしてFINISH！

外側・内側をひと通りタオルでカラ拭きしたら完了！

可能なら週に１回はドア全体の拭き掃除を！

玄関フロアのお掃除

玄関・ベランダのお掃除術 その③

フロアにあるスリッパなどのアイテムを移動し、全体に掃除機がけ。その後、タオルで水拭き→カラ拭きの流れで仕上げましょう。

① スリッパなどを移動

スリッパ、観葉植物などフロアに置いてあるアイテムをリビングなどに移動します。

② 全体に掃除機をかける

何もない状態になったら隅々まで丁寧に掃除機がけを。ドライタイプのモップでもOKです。

③ タオルで水拭き→カラ拭き

タオルでフロア全体を水拭き。その後、カラ拭きをして、タオルの跡が残らないように仕上げるのが理想です。最後にスリッパなどを元に戻して完了！

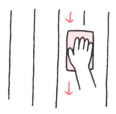

水拭きはフローリングの目に沿って

玄関フロア＆三和土(たたき)のお掃除

家族が頻繁に出入りする三和土から玄関フロアは、当然ながら外から入った汚れが溜まりがち。こまめに拭き掃除をして、スッキリとした印象をキープしたいところです。

【玄関フロア＆三和土掃除の必須アイテム】

- タオル
- 新聞紙
- 竹串・竹ベラ
- 掃除機

■ あると便利
・扇風機

イラストでよくわかる 世界一のお掃除術 114

三和土のお掃除

玄関フロアに新聞紙を広げ、靴類をすべて移動。掃除機で目立つゴミを吸い取ったら、タオルで「湿り拭き」。最後にしっかり換気を！

❶ 靴類をすべて移動

玄関フロアに新聞紙を広げ、三和土に置かれた靴類をすべて移動します。

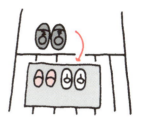

❷ 掃除機で目立つゴミやホコリを除去

何もない状態の三和土に掃除機をかけて、大きめのゴミやホコリを吸い取ります。

❸ タオルで「湿り拭き」

濡れタオルと乾いたタオルを二重にした「湿り拭き」(P25参照)で四隅までしっかりお掃除。しつこい汚れがあった場合は、竹ベラでこすり落とします。

四隅もしっかり

しつこい汚れは竹ベラで

❹ 靴を戻したらしっかり換気！

キレイになったら靴類を元に戻し、10分程度玄関を開けて、湿気を逃がしましょう。突風に備えてストッパーを忘れずに。

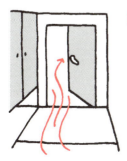

花粉や虫が出る時期は扇風機を使ってもOK。

できればフタをしたい…

玄関・ベランダのお掃除術 その④

靴箱のお掃除

夫：ぐわ〜今日も靴箱クサイな〜（ササササッ！）
妻：ちょっとクサイものにフタをするのやめてくれる？
夫：わ、見られたか……。そろそろ掃除しないとね。

お掃除のコツ！

出かけるときは靴箱を開けておく

家族が留守の間は、たまに靴箱を全開にして、空気を通す習慣をつけましょう。それだけでも悪臭や雑菌を予防できます。

汚れたままの靴やブーツを雑にしまい込むと悪臭や雑菌の温床にもなり得る靴箱。衣替えのシーズンなどに靴をすべて取り出して、しっかりお掃除する習慣をつけましょう。

【靴箱掃除の必須アイテム】

- タオル
- 竹串・竹ベラ
- 新聞紙
- 掃除機

■ あると便利
・ハケ
・ハンディクリーナー

お掃除の段取り術

1～2段ずつ靴箱の靴類を取り出し、掃除機でゴミ・ホコリを除去。タオルで「湿り拭き」をしたら、各段に新聞紙を敷いて、靴を戻します。

① 1～2段ずつ靴を取り出す

三和土や玄関フロアに新聞紙を広げ、棚1～2段分の靴を取り出します。

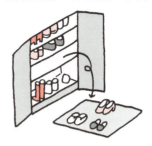

② 掃除機で目立つゴミ・ホコリを吸い取る

空いた棚のゴミ・ホコリを掃除機で吸い取ります。ハンディクリーナーが便利。ハケで掃き出してもOK。

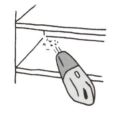

③ タオルで「湿り拭き」

余計な水気を内部に残さないように、濡れタオルと乾いたタオルを二重にした「湿り拭き」（P25参照）がおすすめ。四隅は竹ベラにタオルを巻いて。

棚の四隅は竹ベラタオルで！

④ 各段に新聞紙を敷く

靴を戻す前に棚の各段に新聞紙を広げて敷きます。湿気や悪臭の防止になります。

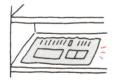

⑤ 1段ずつ靴を戻す

靴の汚れを乾いたタオルで払ってから、よく使う靴が取りやすい場所に来るように配置を！

靴の汚れを落としてから！

お掃除コラム

玄関アイテムも清潔に！

玄関に置かれた置物や観葉植物などがホコリをかぶっていませんか？
これらもお客様の目にはとても目立つもの。こまめにお掃除しましょう。

スリッパのお手入れ

① 歯ブラシでホコリを取る

まず歯ブラシなどで表面や内側に付いたホコリや髪の毛を吸い取ります。

② 裏面を水拭き

裏面はさらにタオルで水拭きして、念入りに汚れを落としましょう。

③ しつこい汚れは素材に応じてお手入れ

しつこい汚れが付いた場合、布製ならネットに入れて洗濯機で丸洗い。合皮製などは食器用洗剤を付けたタオルで水拭き→カラ拭きして、よく乾かします。

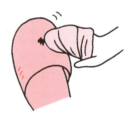

カサのお手入れ

折り畳み傘のカバーも忘れずに！

お湯で流して、乾かしてからしまう

使った後は、浴室でお湯をかけて汚れを流し、乾燥させてからたたんで定位置に。悪臭がする場合は、食器用洗剤を付けたスポンジで両面を洗いましょう。

置物のお手入れ

1 目立つホコリを掃除機で吸い取る

掃除機で表面の汚れを吸い取りましょう。細かい部分はハケブラシを使って。

2 マイクロファイバークロスでカラ拭き

ケバの残らないマイクロファイバークロスでカラ拭きして仕上げましょう。静電気を起こしやすい素材はタオルで。

観葉植物のお手入れ

作業するときは必ずマスクを付けましょう！

・葉が大きいタイプ

水スプレー&タオルで拭く

市販のスプレーヤーで水を吹きかけ、タオルでホコリを拭き取るようにしましょう。両手で優しく拭くのがポイント。できれば、玄関の外に持ち出して作業を。

・葉が細かいタイプ

ハンディモップでホコリを取る

ドライタイプのハンディモップで目立つホコリを除去。ドライヤーの「冷風」でホコリを吹き飛ばしてもOK。ドライフラワーもドライヤーの「冷風」で。

ベランダの汚れを知る

室外ということで、泥・砂・ホコリ、髪の毛、落ち葉などの固形汚れが中心。こまめに掃除すれば水拭き程度でメンテナンス可能です。

玄関・ベランダ
のお掃除術
その⑤

ベランダのお掃除

メンテナンスを怠るとどんどん汚れていくベランダ。休日にティータイムを楽しめるような心地いいスペースをキープするための手軽なお掃除術をご紹介します。

①エアコンの室外機
ファンのまわりを中心に砂やホコリがすぐに溜まっていきます。

泥・砂・ホコリ
「たわしのタオル包み」で水拭き

②もの干しざお
日々使うので手垢が付くほか、放置するとホコリが固着します。

手垢・ホコリ
タオルで水拭き

③フロア
風で飛ばされた砂やホコリ、落ち葉などが集積して固まります。

泥・砂・ホコリ・落ち葉
デッキブラシで水洗い

④テーブル&イス
手垢や食べこぼしのシミのほか、放置するとホコリも溜まります。

手垢・食べこぼし・ホコリ
タオルで水拭き

【ベランダ掃除の必須アイテム】

タオル

デッキブラシ

■ あると便利
・亀の子たわし
・ほうき

バケツ　ゴム手袋

新聞紙

洗剤を使うのは大掃除のときだけ

イラストでよくわかる　世界一のお掃除術

お掃除の段取り術

ほうきで大きなゴミを集め、デッキブラシで汚れを洗い流します。
仕上げに室外機やもの干しざおや手すりなどを水拭きして完了！

❶ 出入りする場所に新聞紙を敷く

窓を開け、ベランダに出る場所に新聞紙を広げ、バケツやイスなど掃除の邪魔になるアイテムを移動します。

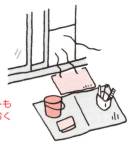

足拭きマットも置いておく

❷ ほうきでゴミやホコリを集める

まずは、ほうきで落ち葉や髪の毛、固まったホコリなどを掃き集め、ゴミとして捨てます。

❸ 室外機は「たわしのタオル包み」で

室外機の表面をタオルで水拭き。段差になっている部分は、亀の子たわしをタオルで包み、横方向にスライドさせて拭きましょう

❹ もの干しざおや手すりは濡れタオルで

ポールは濡れタオルをかませて手のひらで包み込むように拭きましょう。手すりも同様に。

❺ ホースで水を流しデッキブラシでこする

水を流しながらデッキブラシで汚れをこすり落とします。最後に排水口のゴミを取って完了！ 窓まわりのお掃除はP90参照。

巻末付録！

お掃除頻度早見表

お掃除って、いったいどういう頻度でやればいいの？
トイレの便座は？　洗面台の鏡は？　キッチンの排水口は？
参考に新津家のお掃除サイクルをご紹介しましょう！

■トイレ

項目	頻度
手拭きタオルの交換	毎日
便座の拭き掃除	2日に1回
便器をみがく	週に1回
扉やドアの拭き掃除	毎日
壁の拭き掃除	週1回
フロアの拭き掃除	毎日
トイレ全体のお掃除	週1回

■洗面台

項目	頻度
手拭きタオルの交換	毎日
コップなど小物のお掃除	毎日
鏡・洗面ボウルをみがく	毎日
蛇口などをみがく	毎日
排水口のお掃除	毎日
洗濯機のお掃除	月1回

■バスルーム

項目	頻度
バスタオルの交換	毎日
バスタブをみがく	毎日
排水口のゴミ・髪の毛	毎日
壁や鏡の拭き掃除	毎日
蛇口などをみがく	毎日
洗面器など備品のお掃除	毎日
排水口の本格的なお掃除	毎日
バスルーム全体のお掃除	毎日

■リビング

項目	頻度
テーブルの拭き掃除	毎日
フロア・カーペットに掃除機をかける	毎日
フローリングの拭き掃除	毎日
ソファの拭き掃除	毎日
壁・天井・照明器具の拭き掃除	年1回
窓まわりの拭き掃除	週1回
カーテンの洗濯	年2回
リモコン類の拭き掃除	毎日
エアコンの拭き掃除	年2回

■キッチン

項目	頻度
シンク全体を洗う	毎日
排水口のお掃除	毎日
シンク周りをみがく	毎日
三角コーナーなどを洗う	毎日
カウンター・壁を拭く	毎日
コンロの五徳類を洗う	毎日
コンロ全体のお掃除	年2回
魚焼きグリルのトレー・アミを洗う	毎日
魚焼きグリル全体のお掃除	使用時毎回
換気扇のフィルター交換	月1回

項目	頻度
換気扇の拭き掃除	毎日
冷蔵庫の拭き掃除	毎日
電子レンジの拭き掃除	使用時毎回
トースターの拭き掃除	使用時毎回
炊飯器の釜・パーツを洗う	使用時毎回
炊飯器の拭き掃除	毎日
ポットの拭き掃除	毎日
ポットのカルキ取り	年1回
食器棚の拭き掃除	年1回
フロアの拭き掃除	週1回

■ベッドルーム

項目	頻度
フロアの掃除機がけ	毎日
ふとんを干す	週1回
ふとんクリーナー	年1回
ベッドカバー・シーツ交換	3日に1回
枕カバー交換	毎日
書棚の拭き掃除	年4回
PCデスクの拭き掃除	週1回
クローゼットのお掃除	年4回

■玄関

項目	頻度
玄関ドアの拭き掃除	毎日
フロア・三和土のお掃除	毎日
靴箱のお掃除	年2回
スリッパのお手入れ	週1回
ベランダのお掃除	年4回

この早見表を参考にして、自分に無理のないペースでお掃除の習慣を身につけてください！

おわりに

「お掃除」を仕事にしようと考えたのは生きていくためでした。
でも、今はそうではありません。
「清掃」という仕事を通して、「恩人」と呼べる人々と出会い、自分の進む道も見つけることができました。
そして今、私は「清掃」によって自分の居場所を見つけ、会社の仲間たちと一緒に充実した毎日を送っています。

清掃に大切なのは「やさしさ」。
それを教えてくれたのは、今は亡き現在の会社の上司、鈴木優常務でした。
教えてもらった通りのことをやっただけでは評価されない。
私に足りなかったのは、「やさしい気持ち」だったのです。

鈴木常務が教えてくれたのは、
自己満足に終わらず、心を込めて清掃をすること。

目に見えない部分も含め、使う人の立場になって考えること。

技術的に汚れを落とすだけで満足していた自分を卒業し、新しい自分に生まれ変わった瞬間でした。

指示された通りにやるだけでなく、自分で創意工夫をすることで、新たな気づきが生まれ、仕事がどんどん面白くなっていきました。

自分の仕事は自分でしか変えられない――。

大げさかもしれませんが、「お掃除」はそんなことを教えてくれました。

本書では、お掃除が苦手な人にもまず行動してもらうことを目的に、少ない文字とわかりやすいイラストでお掃除の段取りをご紹介しました。

この本を読んで、ひとりでも多くの皆さんがお掃除の楽しさに気づいたり、さらに自分なりの新たな方法を考えたりしてほしいと思っています。

人生は一度きり！ 新しいことをやるのは何でも楽しいです。

「お掃除」という日常から、前向きに楽しく生きるヒントを皆さんが見つけてくれたら、これ以上の喜びはありません。

新津春子

【取材後記】
新津さんが本当に伝えたかったこと

「私、毎日のお掃除では、できるだけ洗剤を使わないから……」
新津さんのお掃除術は、実にシンプルで理にかなっている。
本人曰く、フェイスタオル数本と食器用洗剤があれば十分。あとは、いかに汚れる前に落とすか……。
言われれば確かにそうなのだが、実際にやってみるともうひとつ何かモチベーションが必要になる。そこで、必要なのが「やさしさ」なのだ。

今回、数日間に渡って、新津さんの勤務先やモデルハウスを使って、実際の掃除ノウハウを取材させてもらった。
2度目の取材時、新津さんは、モデルハウスのガスコンロの汚れた五徳をみがきながら、こう言った。
「コレ、キレイになったら、大家さんもうれしいでしょう」
これを見た私は取材後、家のトイレや洗面台が汚れたら、気になって拭き掃除をするようになった。すると家族が喜ぶのが手に取るようにわかり、それがモチベーションとなって、今ではすっかり習慣になった。
つまり、新津さんがお掃除を通して本当に伝えたかったのは、「気持ちに与える効能」だったのだろう。

日本全国および海外での講演や書籍の執筆で年間スケジュールがほぼ埋まっているという多忙な新津さんは、いつも疲れを一切見せずに、とびっきりの笑顔で取材や打ち合わせに協力してくれた。新津さんと仕事をした人は、結婚したり、出産したり、昇進したり……と、幸せが舞い込むという話を聞き、思わず納得してしまった。
どんな仕事でも心を込めて一生懸命やれば、周りの人を幸せにすることができる──。
新津さんからのそんなメッセージが、本書から少しでも伝わればいいなと思っています。

取材班代表　ミニマル　丸茂アンテナ

■ 監修者紹介

新津春子（にいつ・はるこ）

1970年、中国・瀋陽生まれ。1987年、17歳で来日。高校に通いながら清掃の仕事に携わる。1995年、日本空港技術サービス株式会社（現・日本空港テクノ株式会社）に入社、羽田空港の清掃員となる。1996年に、「ビルクリーニング技能士」「清掃作業監督者」などの国家資格を取得。翌1997年、全国ビルクリーニング技能競技会で史上最年少優勝。2013、2014、2016年には「世界一清潔な空港」に羽田空港が選出された際の功労者の一人として活躍。2015年からは最新の清掃技術を修得し、人材の育成にも貢献する「環境マイスター」としての役割を担っている。
その仕事ぶりが、『プロフェッショナル 仕事の流儀』（NHK）、『金スマ』（TBS）などで取り上げられ話題に。著書に、『世界一清潔な空港の清掃人』（朝日新聞出版）、『清掃はやさしさ』（ポプラ社）、『"世界一"のカリスマ清掃員が教える　掃除は「ついで」にやりなさい！』（主婦と生活社）などがある。

■ 協力

日本空港ビルデング株式会社
日本空港テクノ株式会社

編者略歴

◎ミニマル
「食」「カルチャー」から「マナー」「教育」まで、さまざまなテーマのコンテンツ制作を行っている編集プロダクション。丸茂アンテナ、髙橋佑佳が編集・執筆を担当。

◎ BLOCKBUSTER（ブロックバスター）
デザイナー、イラストレーター、ライター、フォトグラファーなどで構成されたクリエイターチーム。書籍や雑誌記事、ウェブコンテンツの制作を手がけている。後藤亮平がイラストを担当。

イラストでよくわかる
世界一のお掃除術

平成29年4月20日　第1刷

編　　　著	ミニマル＋BLOCKBUSTER	
監　　　修	新津春子	
発　行　人	山田有司	
発　行　所	株式会社　彩図社 東京都豊島区南大塚 3-24-4 ＭＴビル　〒170-0005 TEL：03-5985-8213　FAX：03-5985-8224	
印　刷　所	シナノ印刷株式会社	
カバーデザイン	小澤尚美（NO DESIGN）	

URL http://www.saiz.co.jp　Twitter https://twitter.com/saiz_sha

© 2017.Minimal, BLOCKBUSTER Printed in Japan.　　ISBN978-4-8013-0218-1 C0077
落丁・乱丁本は小社宛にお送りください。送料小社負担にて、お取り替えいたします。
定価はカバーに表示してあります。
本書の無断複写は著作権上での例外を除き、禁じられています。